Inhalt

Ein Wort zuvor

Wer Kinder beim Laufen, Springen, Schaukeln und Toben beobachtet, kann sehen und hören mit welcher Freude sie dies tun. Alles, was Kinder lernen, lernen sie durch Bewegung. Je jünger ein Kind ist, umso mehr ist es darauf angewiesen, sich selbst, andere und seine Umgebung über die Wahrnehmung und durch Bewegung kennen zu lernen.
Kinder wollen aktiv sein, sich bewegen – es ist ihnen ein Grundbedürfnis wie Essen und Schlafen. Bewegung tut gut und wirkt sich positiv auf die Entwicklung der gesamten Persönlichkeit aus. Sie ist sozusagen der Motor für Körper, Seele und Geist. Sie kräftigt den Körper, erhält ihn gesund und sorgt für einen gesunden Appetit und Schlaf. Kinder, die ihren natürlichen Bewegungsdrang ausleben können, finden zu innerer Ruhe und Ausgeglichenheit, entwickeln Geschicklichkeit, Kreativität und einen wachen Geist.

Wir möchten Sie mit unserem Buch anregen, bewusst Bewegung in den Kinderalltag mit einzuplanen. Im Tagesgeschehen lassen sich immer wieder Bewegungsangebote einbauen. Ein kleiner Krabbelvers beim Wickeln, ein Kniereiterspiel oder ein Mitmachvers entstehen meist spontan aus der Situation heraus. Andere Aktivitäten mit den Kindern sind bewusst geplant, wie das tägliche Ritual eines Mitmachliedes zur Begrüßung oder Verabschiedung, das Bewegungsangebot nach einer ruhigen Beschäftigung oder zum Beruhigen und Entspannen nach einer eher lebhaften Phase.
Kinder brauchen vielfältige Bewegungsangebote. Sie brauchen aber auch Zeit und Raum, um sich frei bewegen zu können. Räume und Freiflächen können vielerlei Bewegungsanreize bieten, wenn sie entsprechend gestaltet sind. Kinder wollen erkunden, erforschen, sich ausprobieren und ihre Lust am Experimentieren ausleben können. Oft braucht es von uns Erwachsenen nur eine kleine Anregung und die Kinder entwickeln von sich aus fantasievolle Spielideen.

Unser Buch bietet eine Fülle an erprobten, abwechslungsreichen und fröhlichen Bewegungsspielen für das ganze Jahr. Schon die Allerkleinsten genießen bei ausgelassenen Tobe-Spielen die Zuwendung und den körperlichen Kontakt mit dem Erwachsenen. Sanfte Bewegungen, wie etwa das Wiegen im Rhythmus eines Verses oder Liedes beruhigen das Kind. Lebhaftere Bewegungen, wie eine Karussellfahrt in den Armen von Papa, machen aufmerksam. Die bei kleinen Kindern so beliebten Mitmachverse und -lieder wecken die Vorstellungskraft und unterstützen die Entwicklung der Sprache, da das Kind sowohl die Bewegungen nach- und mitmachen kann als auch die Worte inhaltlich zu verstehen sucht.

Mit Reifen, Kisten, Brettern und anderen Alltagsmaterialien kann man einen Teil des Gartens in eine mehr oder weniger große Bewegungsbaustelle verwandeln, die zum Krabbeln, Springen, Balancieren, Wippen und Klettern einlädt.

Ein erstaunlich vielseitiges Baumaterial sind auch Kartons, Tücher, Decken und Matratzen. Die Kleinen benutzen sie zum Höhlen und Häuser bauen und schaffen sich so ihre eigenen Ruheinseln. Diese Materialien haben aber noch viel mehr zu bieten: Unter Tüchern kann man sich verstecken, sich damit einwickeln oder darin schaukeln, weiche Matratzen eignen sich hervorragend als Mini-Trampolin oder zum Darüberlaufen.

Zu den unverzichtbaren Spielmaterialien für Kinder gehören immer auch Bälle und Luftballons. Wenn die Kleinen dem Ball hinterher robben, ihn kicken oder werfen, vervollkommnen sie ihre Bewegungssicherheit.

Wir wünschen Ihnen und allen kleinen Turnern viel Spaß beim Ausprobieren unserer leicht umsetzbaren Bewegungsspiele. Und vielleicht bekommen Sie schon beim Lesen unserer Ideen für eine Spiellandschaft Lust, diese gemeinsam mit den Eltern für Ihre Kinder zu planen.

Eva Reuys und Hanne Viehoff

Wie Sie mit diesem Buch arbeiten können

Unser Buch wendet sich an Erzieher/innen von Kindertagesstätten, in denen Kinder bis zu drei Jahren betreut werden, aber auch an Gruppenleiterinnen im Kindergarten, die sich zunehmend mit der Aufgabe konfrontiert sehen, für die Unter-Dreijährigen passende Angebote zu finden; an Leiterinnen von Spiel- und Krabbelgruppen, die sich regelmäßig ein- bis zweimal wöchentlich mit Kindern und Eltern treffen, sowie an Tagesmütter, die Kinder in diesem Alter stundenweise betreuen. Und sicher werden auch Eltern in diesem Buch fündig, die Anregungen für Bewegungsspiele suchen.

Die Bewegungsangebote unseres Buches orientieren sich am Alter und Entwicklungsstand von Kleinkindern. Viele davon benötigen das Zusammenspiel zwischen Kind und Erwachsenem. Im Gruppenalltag eines Kindergartens übernehmen neben den Betreuern auch gerne ältere Kinder diese Aufgabe, indem sie sich an Bewegungsangeboten mit den Krabbelkindern beteiligen.

Eine weitere Möglichkeit ist, in einem wöchentlich wiederkehrenden Programm Mütter und Väter zum Eltern-Kind-Turnen einzuladen. Dies fördert sowohl den Kontakt unter den Eltern, als auch die Kooperation zwischen Elternhaus und Tagesstätte.

Alle Bewegungsspiele sprechen das Kind ganzheitlich an. So fördern beispielsweise Lieder und Reime, zu denen sich die Kleinen bewegen, nicht nur die motorische Kompetenz, sondern ebenso die sozialen, sprachlichen und kreativen Fähigkeiten eines Kindes. Wir haben die Texte so ausgewählt, dass sie auch schon von den Kleinen verstanden werden und ohne Mühe in Bewegung umgesetzt werden können.

Wer in Familie, Spielgruppe oder im Kindergarten täglich kleine Kinder erlebt, entwickelt ein Gespür dafür, was das Kind augenblicklich an Förderung für seine Entwicklung braucht. Wenn es also momentan krabbelnd seine Umgebung erforscht, wecken Kriechtunnels, Schachteln und Bälle die Bewegungsfreude des Kindes.

Die Kleinen zeigen uns, was sie gerade brauchen. Sie senden uns Botschaften und Antworten über Mimik, Gestik, Körperhaltung, Bewegungen und Laute. Dies verlangt von uns genaues Beobachten, damit wir auf Freude, Unlust, Anspannung oder Überforderung angemessen reagieren können.

Alle Angebote unterstützen die Eigenaktivität des Kindes und vermitteln ihm das Gefühl, selbst etwas zu schaffen. Dies fördert das Vertrauen des Kindes in seine eigenen Fähigkeiten. Mitmachende Erwachsene begleiten und unterstützen die Aktivitäten des Kindes, geben Hilfestellung, wo es nötig ist, ohne jedoch das selbständige Tun des Kindes einzuschränken. Kinder wollen üben, bis sie eine Bewegungsform beherrschen und dafür brauchen sie ausreichend Zeit. Auch verlangen Kinder immer wieder die gleichen Spiele und haben jedes Mal ihren Spaß daran.

Kinder möchten Erfolg haben. Gestalten Sie deshalb alle Bewegungsspiele so einfach, dass das Kind sie auch schafft und freuen Sie sich mit ihm über den Erfolg. Das spornt an und es wird Lust bekommen, die Schwierigkeiten noch steigern zu wollen.

Selbstverständlich wird kein Kind zum Mitmachen gedrängt. In der Kindergruppe motivieren sich Kinder meist gegenseitig. Was die anderen tun, möchte irgendwann jedes Kind auch tun. Warten Sie, bis der Impuls es probieren zu wollen, vom Kind selbst kommt und es sollte auch selbst bestimmen können, wann es sein Spiel beenden möchte.

Spontane Spielideen vom Kind aufzugreifen ist mindestens ebenso wichtig, wie gezielte Angebote zur Förderung der Bewegung. Ideal ist eine tägliche, geplante Bewegungszeit. Ein Lied, Vers oder Fingerspiel als Anfangs- oder Schlussritual kennzeichnen den Beginn und das Ende und helfen den Kleinen sich im Tagesablauf zu orientieren. Auch kann ein bestimmter Tag in der Woche oder ein mehrwöchiges Projekt der Bewegung gewidmet sein.

Unsere Spielideen sind beliebig zu kombinieren und mit eigenen Ideen zu ergänzen. Sie sind vielseitig einsetzbar, sei es im normalen Gruppenalltag oder bei einem von Ihnen geplanten Fest. Viele der Angebote lassen sich spontan in das Tagesgeschehen einflechten, andere brauchen ein wenig Vorbereitung. Wenn Sie Ihr Repertoire an Bewegungsspielen noch erweitern wollen, werden Sie auch in den anderen Bänden unserer Reihe: „Jetzt kommen wir!" fündig.

Bewegung macht fit fürs Leben

Wo immer sich Kindern die Gelegenheit bietet, sind sie in Bewegung: Sie strampeln, robben, krabbeln, laufen, rennen, purzeln, springen, balancieren, kriechen, rutschen, schaukeln, klettern, werfen oder fangen.
Schon der Säugling erschließt sich seine Umwelt, indem er nach Gegenständen greift, sie befühlt, damit klopft, sie in den Mund steckt, wirft, schüttelt und fallen lässt. So erlebt das Kind, dass sein Ball weich und rund ist, dass er springt und rollt, wenn man ihn auf den Boden wirft. Das Kind sammelt Erfahrungen über die Materialeigenschaften und erfasst Zusammenhänge. Indem es einen Gegenstand ergreift, „begreift" es. Den Kopf heben, sich auf den Bauch rollen, sitzen oder sich fortbewegen ermöglicht dem Baby, die Welt aus verschiedenen Blickwinkeln zu betrachten.
Mit zunehmender Körperbeherrschung wird es unabhängiger vom Erwachsenen und damit selbstständiger. Krabbelnd und dann laufend erkundet es seine Umgebung und eignet sie sich an. In den ersten beiden Lebensjahren ist die Entwicklung der motorischen Fähigkeiten untrennbar mit der gesamten Entwicklung verbunden.

Dennoch sollte berücksichtigt werden, dass nicht jedes Kind gleichermaßen bewegungsfreudig ist; manche Kinder sind von Natur aus ruhiger, andere aktiver. Auch gibt es große individuelle Unterschiede im Auftreten bestimmter Fähigkeiten. Während das eine Kind mit neun Monaten ohne Hilfe sitzen kann, macht das andere bereits seine ersten selbstständigen Schritte. Jede neu erworbene Fähigkeit erfüllt das Kind mit Freude und Stolz und steigert sein Selbstvertrauen. Die Zuwendung und Bestätigung, die es dabei durch seine Umwelt erfährt, hilft beim Aufbau eines stabilen Selbstbewusstseins.

Großen Spaß hat das kleine Kind auch an Bewegungsspielen mit Mutter oder Vater, sind sie doch Ausdruck von Zärtlichkeit und gegenseitigem Vertrauen. Im Spiel mit dem Erwachsenen wollen Kinder ihre Geschicklichkeit, Gelenkigkeit und „Stärke" üben.
Kinder zeigen ihre Gefühle sehr spontan und mit den Ausdrucksmöglichkeiten des ganzen Körpers. Sie springen vor Freude in die Luft und hüpfen umher oder sie lassen Kopf und Schulter hängen und zeigen so Trauer und Schmerz. In bewegungsintensiven Spielen können Kinder ihre negativen Gefühle und Stimmungen ausleben, abbauen und zu innerer Ruhe und Ausgeglichenheit finden.
Bewegungsspiele, besonders an frischer Luft, sind gesund. Das Toben im Freien bei Wind und Wetter härtet ab und macht weniger anfällig gegen Infekte; es kräftigt die Muskulatur, beugt Haltungsschäden vor und sorgt für gesunden Appetit und Schlaf.

Erwachsene unterstützen die Bewegungsfreude des Kindes

Beim kleinen Kind entwickeln sich motorische Fähigkeiten von selbst. Der Erwachsene sollte ihm die Zeit dazu gewähren, für einen ausreichenden Bewegungsraum und anregende Materialien sorgen und dem Kind die Zuwendung und Bestätigung schenken, die es braucht, um Selbstvertrauen zu entwickeln.

Ein gesundes Kind ist von sich aus aktiv. Immer wieder übt es eine neue Bewegungsform, bis es diese sicher beherrscht. Wenn auch der eine oder andere Versuch noch misslingt, wird das Kind dennoch nicht aufgeben. Häufig fällt es schwer, den sich ständig wiederholenden und noch ungeschickten Übungen des Kindes zuzusehen. Unruhe stellt sich ein und verführt dazu, einzugreifen und schnellere, bessere Lösungsmöglichkeiten zu zeigen. Wir nehmen damit dem Kind wesentliche Erfahrungen und die Freude, die es empfindet, wenn es etwas ganz alleine geschafft hat. Vielmehr sollten wir Gelassenheit, Geduld und Vertrauen in die wachsenden Fähigkeiten des Kindes aufbringen. Dem Kind genügt im Allgemeinen die aufmerksame Anwesenheit des Erwachsenen und die eine oder andere behutsame Assistenz. Ein Kind, das laufen lernt, soll auch fallen dürfen. Nur so kann es mit der Zeit die eigenen Fähigkeiten und Grenzen einschätzen und ist dann weniger unfallgefährdet, als ein Kind, dem dieses selbstständige Erproben nicht ausreichend lange ermöglicht wurde. Selbstverständlich sollten gefährliche Situationen vorher entschärft werden, damit sich das Kind nicht ernstlich verletzt.

Dem Kind Zeit gewähren, bedeutet aber auch, die einzelnen Entwicklungsschritte nicht zu forcieren. Jedes Kind hat sein eigenes Tempo und entwickelt sich nach einem individuellen Zeitplan. Das Erlernen einer neuen Fähigkeit, wie beispielsweise das Laufen, ist erst dann ohne Probleme möglich, wenn Reifungsprozesse des zentralen Nervensystems und der Muskulatur einen bestimmten Grad der Ausformung erreicht haben.

Das Kind braucht nicht nur verständnisvolle Erwachsene, die es auf seinem oft schwierigen Weg begleiten, sondern auch einen ausreichend großen Bewegungsraum. Säuglinge wollen sich frei bewegen und brauchen genügend Platz um herumzurollen. Eine Decke auf dem Boden oder ein Laufstall verschaffen dem Kind mehr Bewegungsfreiheit als das zu klein gewordene Körbchen. Für ein Kind, das bereits krabbeln oder laufen kann, sollte der Laufstall nur ein vorübergehender Aufenthaltsort sein. Das Kind möchte und muss seine Umgebung entdecken können und es möchte vor allem in der Nähe des Erwachsenen sein.

Sobald es laufen kann, braucht es Platz zum Rennen, Springen, Klettern, Schaukeln, Rutschen. Eine bequeme, robuste Kleidung ist dabei von Vorteil. Wann immer möglich, sollten Kinder mit nackten Füßen laufen, auch draußen über Wiese, Sand und Kiesboden. Dabei spürt das Kind mit seinen Füßen und macht ganz unterschiedliche taktile Erfahrungen.

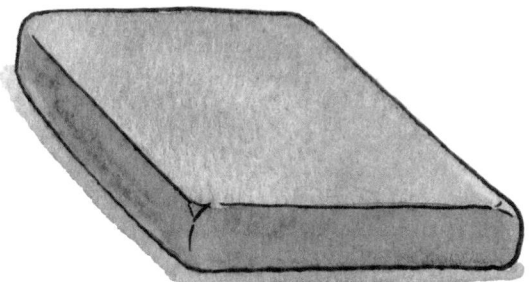

Eltern und Gruppenleiter/-innen können durch anregendes Material die Bewegungsfreude des Kindes steigern. Ein Baby bewegt rhythmisch die Arme und Beine, ja den ganzen Körper, wenn es einer Spieluhr lauscht. Es übt sich im Greifen, wenn ihm eine Rassel in die Hand gegeben wird oder ein Babyreck am Bettchen angebracht ist. Mit einem Schaukelpferd lässt es sich schaukeln, und ein Ball oder Nachziehspielzeug regen zum Hinterherrobben oder Vorauslaufen an. Unterschiedlich große Schaumstoffelemente laden zum Klettern ein, und auf einer Matratze kann man sehr gut hüpfen.

Da sich kleine Kinder über ihren Körper mit all seinen Sinnen die Welt erschließen, hat dies einen wesentlichen Einfluss auf die Raumgestaltung von Tagesstätten. Vielfältige Bewegungsanreize im Gruppenraum bieten Galerien, Kletterpodeste oder Spielhäuser mit integrierten Rutschen. Sie ermöglichen dem Kind, den Raum in seiner Höhe und aus unterschiedlichen Perspektiven wahrzunehmen. Es macht Spaß, einmal oben, einmal unten zu sein, auf die anderen herunterzuschauen oder zu ihnen hinaufzublicken. Ein gesonderter Bewegungsraum erweitert das Angebot an Bewegungsgeräten und -material. Dazu gehören Sprossenwand, Turnbank, Matten, Trampolin, Kletterturm, Schaukeln, Rollbretter, große und kleine Bälle, Schwungtücher, Reifen, Seile, Zauberschnüre und vieles mehr. Ebenso kann der Garten mit anregendem und attraktiven Material die Kinder in Bewegung halten. Angesagt sind Bobby-Cars und später Dreiräder und Laufräder, sowie kleine Wägelchen zum Schieben oder Ziehen. Zum Abenteuerplatz wird ein Teil der Freifläche, wenn sie mit einer Bewegungslandschaft aus Holzbrettern, Getränkekisten, Baumstämmen, Autoreifen und anderen Materialien die Kinder zum Balancieren, Klettern und Springen einlädt.
Vielerlei Bewegungsmöglichkeiten bietet auch der Aufenthalt in der Natur: Gräben und Pfützen animieren zum Springen, Hügel fordern zum Hinaufklettern und Hinunterrollen auf, über abgeholzte Baumstämme kann man balancieren oder auf sie klettern.

Ich mit dir und du mit mir

Im Kreis herumdrehen, mit Papa Flieger spielen oder an ihm hochklettern, auf Mamas Schoß „Hoppe Reiter" machen: Seit jeher lieben kleine Kinder diese Spiele und bekommen nicht genug davon. Sie sind wichtig, weil sie dabei Zuwendung und körperlichen Kontakt erfahren. Das Kind erlebt mit wachsendem Vertrauen, dass es von starken Armen sicher gehalten wird. Dies wiederum ermöglicht ihm seine Geschicklichkeit weiterzuentwickeln und neue Herausforderungen zu wagen. Für den Erwachsenen und das Kind ist das gemeinsame Spiel eine Zeit intensiven Miteinanders, das beide in vollen Zügen genießen können.

Bei all diesen Spielen nehmen die Kleinen ihre Umgebung aus unterschiedlichen Blickwinkeln wahr und trainieren spielerisch Gleichgewicht und Körperbeherrschung. Dies sorgt dafür, dass wir unseren Körper aufrecht halten, gehen und uns im Raum orientieren können.

Kinder singen für ihr Leben gern oder erfreuen sich an Reimen und Versen, vor allem dann, wenn man sich dazu bewegen kann. Bevor die Kleinen mitsingen oder sprechen, lauschen sie mit Begeisterung der Melodie, dem Text und schauen sich ab, wie sich die anderen dazu bewegen. Und es dauert nicht lange, bis sie die Bewegungen nachmachen und mit

Freude mitsingen oder sprechen. Wie man heute weiß, wirkt sich die Verbindung von Sprache und Bewegung positiv auf die Sprachentwicklung aus. Kinder behalten Wörter, Zahlen und Inhalte leichter, wenn sie sich gleichzeitig dazu rhythmisch bewegen.

Ich mit dir

Ich mit dir und du mit mir
machen einen Hampelmann
und zeigen, was ein jeder kann.

Jeweils zuerst auf das Kind und dann auf sich selbst deuten.

Ich mit dir und du mit mir
krabbeln nun auf allen Vieren,
tun es gleich den wilden Tieren.

Ich mit dir und du mit mir
klettern wie die frechen Affen,
werden's auch alleine schaffen.

Ich mit dir und du mit mir
hopsen auf und nieder
und tun das immer wieder.

Ich mit dir und du mit mir
kriechen in unser Schneckenhaus
und ruhen uns zusammen aus.

In die Hocke gehen und sich ganz klein machen.

Ich mit dir und du mit mir
strecken unsere Fühler raus
und stehen nun gemeinsam auf.

Marion Penker

Alle können sich nun einen neuen Spielpartner suchen.

Kniereiterspiel

Zu den besonders beliebten Spielen bei Kleinkindern gehört das Reiten auf dem Schoß eines Erwachsenen. Das Kind hat Freude an der rhythmischen Bewegung und an dem begleitenden Vers. Es genießt die Spannung, wenn es mit einem „Plumps" auf den Boden gleitet, um dann wieder sicher auf dem Schoß von Mama oder Papa zu landen.

Es reitet ein Kamel im Sand

Es reitet ein Kamel im Sand

in einem fernen, fernen Land.

Du schaukelst hin, du schaukelst her
im großen, weiten Wüstenmeer.
Nun fängt's Kamel zu rennen an,

du kannst dich nicht mehr halten dran.
Pass auf, pass auf, jetzt fällst du gleich!

Doch schau, der Sand ist warm und weich.

*Ihr Kind sitzt auf dem Schoß.
Sie fassen seine Hände und
bewegen die Beine im
Versrhythmus.
Beide Knie bewegen sich nach
links, dann nach rechts.
Das Kind „reitet" auf den
Knien in einem sich steigern-
den Tempo.
Sie öffnen Ihre Knie und
lassen das Kind sanft auf den
Boden gleiten.*

Eva Reuys

In einem schiefen Häuschen

An diesem Bewegungsspiel haben Kinder Freude, die schon sicher auf den Beinen stehen können.

In einem schiefen Häuschen
wohnen viele Krabbelmäuschen

*mit beiden Händen über dem
Kopf ein schräges Dach andeuten*

Sie trippeln und trappeln,	*mit beiden Füßen auf dem Boden trippeln*
sie zippeln und zappeln.	*Beine und Arme ausschütteln*
Sie krabbeln rauf und runter,	*mit den Händen nach oben und*
die Krabbelmäuschen sind ganz munter.	*dann nach unten krabbeln*
Da kommt die große schwarze Katze,	*beide Hände sind die „Pfoten",*
mit scharfen Krallen an der Tatze.	*die sich langsam nach vorne bewegen*
Die Mäuschen piepsen laut vor Schreck	*bei „Schreck" in die Hände klatschen, mit beiden Füßen*
und laufen schnell in ihr Versteck.	*schnell auf dem Boden trippeln, in die Hocke gehen und Augen mit den Händen zudecken*

Eva Reuys

Variante:
Für die Jüngsten kann das Spiel entsprechend abgewandelt werden. Krabbeln Sie mit den Fingern, entsprechend dem Text, über den Körper des Kindes und verstecken Sie am Ende die Hände hinter Ihrem Rücken.

Engelchen flieg

Das Kind läuft auf Sie zu. Wenn es ankommt, empfangen Sie es mit dem Ausruf „Engelchen flieg". Dazu fassen Sie es unter die Arme, nutzen den Schwung und drehen sich mit dem Kind schnell um die eigene Achse.

Störrisches Pferdchen

Sie begeben sich in Krabbelstellung auf den Boden und spielen das Pferdchen. Vielleicht schnauben oder scharren Sie dabei, so wie es Pferde oft
tun. Stupsen Sie das Kind ein wenig mit dem Kopf und laden Sie es ein,
aufzusteigen. Gemächlich geht es zunächst voran. Wenn es sicher sitzt,
können Sie auch einmal das wilde Pferd spielen, sich ein wenig aufbäu-
men und wiehern oder sich im Kreise drehen. Werfen Sie das Kind dabei
aber nicht ab! Wenn sich zwei Reiter treffen, gelingt es den erfahrenen
Reitern schon, sich gegenseitig zuzuwinken. Dann übernimmt das Kind
die Rolle des Pferdchens und lässt seinen Teddy oder seine Puppe auf
seinem Rücken reiten.

Flugreise

Größere Kinder lieben es, wenn ein Erwachsener sie dabei an einer Hand
und einem Bein fasst. Auch die Jüngsten mögen dieses Spiel, allerdings
werden sie dann mit dem Körper auf den Arm gelegt und gut festgehal-
ten. Ein Vers erhöht den Spaß der kleinen Fluggäste:

Ein Flugzeug fliegt mit viel Gebrumm
um den ganzen Erdball rum,
über Städte und das Meer,
das freut alle Kinder sehr.
Da geht's mal rauf und mal hinunter,
das macht alle Kinder munter.
Und nun landet es ganz sanft
im Kikatuka Kinderland.

Eva Reuys

Kleine Akrobaten

Mit großem Vergnügen turnen „kleine Akrobaten" mit Mama oder Papa und trainieren dabei ihre Geschicklichkeit, Stärke und ihr Gleichgewicht.

Kleine und große Brücken bauen
Erwachsene bauen große Brücken und Kinder bauen kleine Brücken. Eine Brücke entsteht, indem man mit gegrätschten Armen und Beinen im Vierfüßlerstand steht. Durch die Brücke kann man krabbeln, einen Ball oder ein Spielzeugauto hindurchrollen. Mehrere „Brücken" hintereinander gebaut bilden einen „Tunnel" und erweitern die Spielmöglichkeiten.

Über die Brücke gehen
Einige Erwachsene bauen gemeinsam eine Brücke, indem sie sich Seite an Seite auf den Boden knien und mit den Händen vorne abstützen. Jeweils

ein Kind schreitet über die Rücken der Erwachsenen und wird dabei sicher an der Hand gehalten. Endlos wird die Brücke dann, wenn die erste Person, deren Rücken das Kind bereits überquert hat, ganz schnell an das andere Ende eilt und wieder Teil der Brücke wird.

Gipfelstürmer

Setzen Sie sich mit ausgestreckten geschlossenen Beinen auf den Boden, wobei sich das Kind auf Ihre Knie stellt. Halten Sie es sicher an den Unterarmen und ziehen Sie dann die Knie zum Körper hin, indem Sie diese aufstellen. Das Kind kommt auf der „Bergspitze" zu stehen. Vielleicht gelingt es, eine oder beide Hände des „Gipfelstürmers" kurz loszulassen.

Flieger

Legen Sie sich auf den Rücken mit nach oben hin angewinkelten Beinen, so dass Unter- und Oberschenkel etwa einen rechten Winkel bilden, das Kind lehnt mit dem Bauch an den Fußsohlen. Nun startet das Flugzeug, indem Sie die Beine gerade nach oben strecken, dabei hält sich das Kind an Ihren Händen fest. Kann der „Flieger" auch einmal ohne festzuhalten frei schweben?

Klettermaxe

Das Kind steht vor Ihnen und hält Ihre beiden Daumen, die anderen Finger umschließen die Handgelenke des Kindes. Dann klettert es mit den Füßen an Ihnen so weit als möglich hoch. Vielleicht wagt es einen Überschlag.

Komm, du kleiner Racker

Text: Sonny Kunst, Musik: Detlev Jöcker

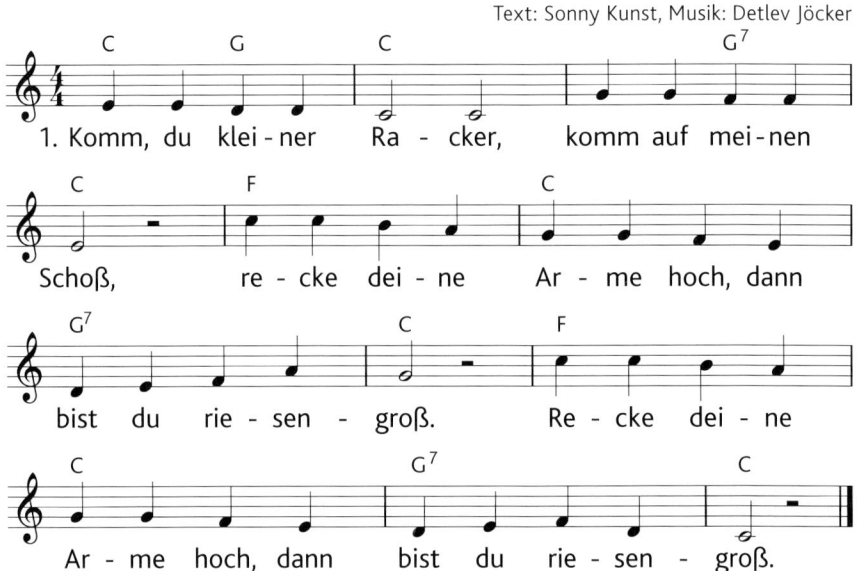

1. Komm, du klei-ner Ra-cker, komm auf mei-nen Schoß, re-cke dei-ne Ar-me hoch, dann bist du rie-sen-groß. Re-cke dei-ne Ar-me hoch, dann bist du rie-sen-groß.

2. Still, du kleiner Racker,
   kuschele dich ein,
   drücke dich ganz fest an mich,
   dann bist du nicht allein.

3. Rutsch, du kleiner Racker,
   rutsch von meinem Knie,
   lauf mir nicht so schnell davon,
   sonst fange ich dich nie.

Spielvorschlag:

Im Text dieses einfachen Liedes ist die Gebrauchsanweisung für ein Kniereiterspiel schon enthalten. Das Kind sitzt dabei auf Ihrem Schoß.

1. Strophe: Sie fassen die Hände des Kindes und ziehen es an beiden Armen hoch.

2. Strophe: Sie umfassen das Kind und drücken es vorsichtig an sich.

3. Strophe: Sie halten das Kind an den Händen fest und lassen es von Ihrem Schoß auf Ihre Füße hinunterrutschen und bewegen es dabei leicht hin und her.

Karussellfahrt

Bevor die Karussellfahrt beginnt, fassen Sie von hinten unter die Achseln des Kindes und verschränken die Hände vor seiner Brust. Dann drehen Sie sich im Kreis herum.

Mein(e) kleine(r) … *(Name des Kindes)*
steigt ins Karussell.
Die Fahrt beginnt erst langsam,
dann wird's richtig schnell.
Oh, wie ist die Fahrt doch schön,
das Karussell bleibt jetzt gleich stehn.
Bitte aussteigen!

Kutschfahrt

Mit Kindern, die schon sitzen, aber noch nicht laufen können, wird die Kutschfahrt so gespielt: Setzen Sie sich dem Kind gegenüber. Sowohl Sie als auch das Kind grätschen die Beine, wobei sich die Fußsohlen berühren. Nehmen Sie die Hände des Kindes in Ihre und bewegen Sie sich im Rhythmus nach vorne und hinten. Vielleicht gelingt dies schon bald mit überkreuzten Armen.
Mit den älteren Kindern können Sie es so spielen: Stellen Sie sich neben das Kind und halten Sie sich mit beiden Händen über Kreuz. Nun marschieren Sie im Takt vorwärts und wenden Sie bei „ri-ra-rum", ohne die

Hände loszulassen. Und weil es so schön war, geht es in entgegengesetzter Richtung weiter.

Ri, ra, rutsch,
wir fahren mit der Kutsch.
Wir fahren mit der Schneckenpost,
wo es keinen Euro kost.
Dann fahren wir zur Omama.

Omama, die ist nicht da.
Dann fahren wir zu Opapa.
Opapa ist auch nicht da.
Kehrn wir wieder um –
ri-ra-rum.

Der Riese und der Zwerg

Der Erwachsene ist der Riese,
das Kind der Zwerg. Laden
Sie das Kind dazu
ein, sich auf Ihre
Füße zu stellen.
Es steht dabei
so, dass es Sie
ansieht. Nehmen
Sie seine Hände in
die Ihren und laufen
Sie mit kleinen Schritten nach
rückwärts, vorwärts oder seitwärts.
Verändern Sie dabei das Tempo, mal
langsam, mal schnell. Hat das Kind
Spaß daran, können Sie auch beim
Gehen abwechselnd einen Fuß
hoch heben oder seit-
lich schaukeln. Es ist
gar nicht so einfach,

bei diesem temperamentvollen Spiel das Gleichgewicht zu halten. In der Abschlussrunde singen die Kleinen gerne mit Ihnen gemeinsam das Lied vom Riesen und dem Zwerg.

Der Riese und der Zwerg

Text, Musik und Spielidee: Franz Fischereder

Der Rie - se und der Zwerg, bum, bum, die
ge - hen ü - bern Berg, bum, bum. Der
Rie - se ruft: Hal - lo! *(laut rufen)* Der
Zwerg, der sagt: So - so, so - so.

Spielanregung:
Die Kinder stellen sich auf die Füße der Großen. Beide halten sich an den Händen und gehen so durch den Raum. Der Inhalt des Liedes kann durch Bewegung, Gesten und sprachliche Signale verdeutlicht werden, z.B. bei „bum, bum": kräftig stampfen, „hallo": laut rufen, „soso": ganz leise singen.

Auf die Beine, es geht los!

Im ersten Lebensjahr arbeitet sich das Kind durch fleißiges Üben und Ausprobieren stufenweise dem aufrechten Gang entgegen. Es hat sich aufgesetzt, ist durch die Gegend gerobbt oder auf allen Vieren gekrabbelt, es hat sich an einem Stuhlbein oder Möbelstück hochgezogen, sich an niedrigen Tischkanten entlang getastet und stets von neuem das Gleichgewicht auf zwei Beinen trainiert. Das Stehen gelingt immer besser. Noch muss es sich mit beiden Händen oder später einer Hand festhalten. Wenn ein Erwachsener ihm die Hände reicht, kann das Kind bald erste Schritte gehen. Mit der Zeit wird es immer weniger den Halt einer Erwachsenenhand brauchen. Und es kommt der unvergessliche Augenblick, wo das Kind die Hände loslässt und die ersten Schritte alleine geht, sicher eines der schönsten Ereignisse im Leben von Eltern. Und für das Kind fühlt es sich großartig an, endlich eine Etage höher zu sein und die Welt aus einem anderen Blickwinkel zu betrachten. Damit erweitert sich sein Aktionsradius erheblich und es eröffnen sich neue, ungeahnte Möglichkeiten.

Im Laufe des zweiten Lebensjahres wird das Kind zunehmend geschickter in seiner Motorik. Sobald es alleine laufen kann, beginnt es aufrecht eine

Treppe hinaufzusteigen. Es muss sich dazu festhalten und dabei immer den zweiten Fuß auf dieselbe Stufe wie den ersten setzen. Bis zum zweiten Geburtstag steigt ein Kind in der Regel die Treppe freihändig ohne größere Probleme hinauf. Das Hinabsteigen bereitet da jedoch noch mehr Schwierigkeiten.

Wenn für das Kind der aufrechte Gang keiner besonderen Anstrengung mehr bedarf, gilt sein Interesse der Vervollkommnung seiner Fähigkeiten. Es balanciert, hüpft, steht auf einem Bein, springt von Mauern, Stühlen und Treppen herunter, klettert überall hoch und kann schon eine Menge mit seinen kleinen Händen tun.

Für Eltern und betreuende Personen ist es nicht immer leicht, die richtige Balance zwischen Sicherheit und Bewegungsfreiheit zu finden. Kinder wollen und müssen sich ausprobieren. Auch wenn sich das Kind hin und wieder weh tut, die Freude an der Bewegung lässt den Schmerz rasch vergessen.

Krabbeltunnel

Klemmen Sie eine biegsame Matte gewölbt zwischen zwei Stühle. Schon ist ein kleiner Tunnel entstanden. Wenn Sie mehrere Matten und Stühle hintereinander stellen, so wird daraus ein langer Tunnel. Machen Sie es den Kindern vor, wie Sie durch diesen krabbeln. Eher ängstliche Kinder können Sie mit einem Spielzeug am anderen Ende des Tunnels locken, auch beflügelt die Wiedersehensfreude mit Mama oder Papa das Kind. Ist das Spiel den Kindern vertraut, können sie als Schlange kriechen, als Katze auf Samtpfoten oder als bellender Hund auf allen Vieren durch den Tunnel laufen.

Es ging ein Zwerg im Grase

Text und Melodie: überliefert

Es ging ein Zwerg im Gra - se, so, so, so. Das
ging ihm bis zur Na - se, so, so, so. Da
hob er sei - ne Bei - ne so, so, so und
stand auf ei - nem Bei - ne, so, so, so. Das
Zwerg - lein steht auf ei - nem Bein und hüpft im Kreis he -
rum. Auf ein - mal fällt es um, plumps!

Es ging ein Zwerg im Grase, so, so, so.

Eltern und Kinder gehen im Zwergengang im Kreis und deuten mit den Händen eine Zipfelmütze auf dem Kopf an

Das ging ihm bis zur Nase, so, so, so.	*alle fassen an ihre Nase*
Da hob er seine Beine, so, so, so	*alle heben abwechselnd das rechte und das linke Bein*
und stand auf einem Beine, so, so, so.	*Eltern fassen ihre Kinder zur Unterstützung an und alle stehen abwechselnd auf dem rechten oder linken Bein*
Das Zwerglein steht auf einem Bein	*alle hüpfen auf einem Bein*
und hüpft im Kreis herum.	*im Kreis*
Auf einmal fällt es um, plumps!	*alle fallen um*

Tiere zaubern

Dieses Spiel regt verschiedenste Bewegungsformen und die Vorstellungs-kraft der Kinder an. Die Jüngsten schauen sich ab, wie die älteren Kinder oder der mitspielende Erwachsene die Tiere darstellen und setzen dies nach ihren Möglichkeiten um.

Spielanregung:
Eine Matte ist das Reich des Zauberers, auf der alle Kinder sitzen. Der Zauberer breitet die Arme über den Kindern aus und sagt: „Hokus pokus fidibus! Aus allen Kindern werden Hunde". Die Kinder verwandeln sich in Hunde und laufen auf allen Vieren durch den Raum. Wenn der Zaube-rer ruft: „Eins, zwei, drei, der Zauber ist vorbei!", kehren alle Kinder zum „Zauberreich" zurück. Die Kinder können sich neue Tiere wünschen, die gezaubert werden sollen.

Schubkarre

Das Kind legt sich bäuchlings auf den Boden. Dann stellen Sie sich hinter das Kind und umfassen seine Unterschenkel; anfangs eventuell die Oberschenkel. Heben Sie die „Schubkarre" an. Wenn das Kind keine Kraft oder Lust mehr hat, kippen Sie die „Schubkarre" aus.
Überlegen Sie gemeinsam mit dem Kind, was alles mit einer Schubkarre noch transportiert werden könnte: ein Kuscheltier, Bausteine, Sandsäckchen oder ein flaches Kissen. Wenn die Ladung einmal runterfällt, ist dies nicht weiter schlimm. Dann wird die Schubkarre eben neu beladen und mit Spaß geht es weiter. Vielleicht sind auch mehrere Schubkarren unterwegs und man muss sich gegenseitig ausweichen.

Spinnennetz

Aus einer langen Zauberschnur wird im Raum ein Spinnennetz etwa 30 bis 40 cm über dem Boden geknüpft. Mögliche Halterungen sind Tisch- und Stuhlbeine, Sprossenwände, Bänke. Die Kinder klettern über die Schnüre oder krabbeln darunter hindurch.

Wackelmatratze

Der Boden wird mit einigen Matten ausgelegt, darauf kommen eine oder mehrere Luftmatratzen, auf denen die Kinder hüpfen oder im Liegen oder Sitzen sanft schaukeln können. Damit die Matratzen beim Hüpfen nicht verrutschen, halten Sie diese durch seitlich angelegte Matten in Position. Dies dient gleichzeitig der Sicherheit. Unterschiedlich stark aufgeblasene Luftmatratzen erweitern die Sinnes- und Bewegungserfahrungen der Kinder.

Fußspur

Auf dieser Fuß-Spur ist statt Drauflosrennen Körperkontrolle gefragt. Wer schafft den Weg, ohne die ausgelegte Spur zu verlassen?

Das brauchen Sie:
Filzplatten oder Moosgummi in unterschiedlichen Farben, Pappe, Filzstift, Schere, Tesakrepp

So wird's gemacht:
Für glatte Böden eignet sich besser Moosgummi, für Teppichböden Filz. Schneiden Sie zuerst zwei Schablonen aus Pappe. Dazu stellen Sie zuerst Ihren rechten, dann Ihren linken Fuß auf die Pappe, umfahren die Füße mit dem Stift und schneiden sie entlang der Linie aus. Übertragen Sie

die Schablonen auf den Moosgummi oder Filz, jeweils zwei Füße in einer Farbe. Legen Sie eine größere Anzahl von „Füßen" auf den Boden in gerader Linie oder in Kurven. Die Abstände sind dabei so gewählt, dass die Kinder von einem „Fuß" zum anderen schreiten können. Um Rutschen zu vermeiden können die „Füße" mit Tesakrepp am Boden befestigt werden.

Spielanregung:
Zunächst experimentieren die Kinder mit den ausgelegten „Füßen". Sie stellen sich auf einen „Fuß" und vergleichen die Größe, einige können schon voller Stolz die Farben benennen, andere zählen vielleicht, wie viele „Füße" am Boden liegen. Und es dauert nicht lange, bis ein Kind der Fußspur folgt und sich bemüht, nicht daneben zu treten.

Eimerstraße

Sie brauchen vier bis fünf größere Putzeimer und einen rutschfesten Boden wie einen Teppichboden oder eine Wiese. Stellen Sie die Eimer mit der Öffnung nach unten auf dem Boden so hintereinander auf, dass das Kind von einen Eimer auf den anderen steigen kann. Anfangs braucht es noch Ihre helfende Hand, später will es alleine die Aufgabe meistern. Sie können diese steigern, indem Sie verschieden große Eimer aufstellen oder immer wieder schnell den hintersten nach vorn stellen.

Stühle klettern

Stellen Sie vier bis fünf stabile Kinderstühle hintereinander. Dabei berührt die Stuhlkante jeweils die Lehne. Hinter den letzten Stuhl legen Sie eine Bodenmatte. Das Kind klettert auf den ersten Stuhl und klettert über die Stuhllehne auf den zweiten Stuhl, vom letzten springt es ab. Vielleicht braucht es dabei noch Ihre Assistenz.

Purzelbaum

Mit etwa zwei Jahren machen Kinder ihre ersten Purzelbaumversuche. Es ist immer wieder lustig folgendes Spielchen zu beobachten: Das Kind steht im Vierfüßlerstand und schaut von vorn nach hinten durch die gespreizten Beinchen. Die ganze Welt ist verdreht und scheint auf dem Kopf zu stehen! Dies ist die Zeit, um in der einen oder anderen Situation eine kleine Unterstützung zu geben. Steht das Kind gerade im Vierfüßlerstand mit dem Kopf nach unten, so genügt ein leichtes Anheben des Beckens und der erste Purzelbaum ist gelungen! Dies geschieht fast von allein, später genügt vielleicht ein leichter Schubs vom Po aus, bis das Kind den Purzelbaum schließlich ohne weitere Hilfe machen kann. Eine leicht angehobene Gymnastikmatte kann zur schiefen Ebene werden. Dies erleichtert das Hinunterpurzeln.
Der Vers kann dabei eine Hilfestellung sein:

Holterdipolter, koppsdibolter,
rumpeldibumm,
der / die ... *(Name des Kindes)* ist rum!

Purzelmännchen

Auf einer schiefen Ebene schlägt das Purzelmännchen einen Purzelbaum nach dem andern. Sie können es leicht selbst basteln.

Das brauchen Sie:
Einen Plastikbehälter von einem Überraschungsei, 1 größere Glasmurmel (ca. 1,5 cm Durchmesser), blauen, roten und hautfarbenen Filz, kleine Reste von Fell und Spitzenborte, Schere, Folienschreiber, Nadel und Faden, Textilkleber

So wird's gemacht:

Aus dem roten und dem blauen Filz je einmal die Grundform für den Körper zuschneiden. Aus dem hautfarbenen Filz je zweimal eine ovale Form für das Gesicht ausschneiden. Glasmurmel in den Plastikbehälter legen und ihn wieder verschließen. Plastikbehälter rundherum mit Kleber einstreichen. Vorne das rote, an der Rückseite das blaue angeschnittene Kopfteil ankleben. Rotes und blaues Körperteil gegeneinander kleben. Nun den Kopf ausgestalten: hautfarbenes Oval vorne und hinten als Gesicht aufkleben, Augen, Nase und Mund mit dem Folienschreiber aufzeichnen; um den Kopf rundherum Fell ankleben. Den Faden durch die Spitzenborte ziehen und zusammenkräuseln; Spitzenrüsche um den Hals legen und mit wenigen Stichen befestigen.

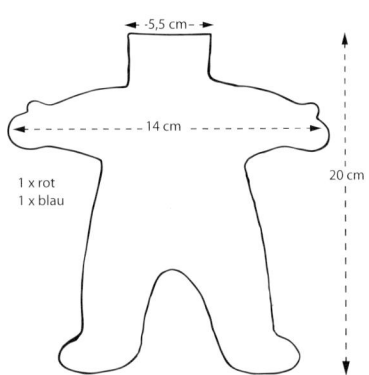

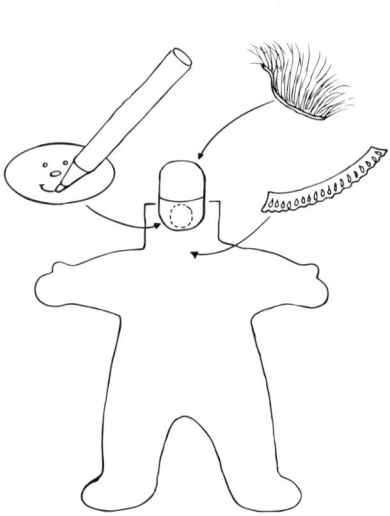

Ri-ra-rutsch

Text und Melodie: traditionell

Ri - ra - rutsch, wir fah-ren mit der Kutsch. Mit

ei - ner Kut - sche fah - ren wir, und

auf dem Pferd - chen rei - ten wir.

Ri - ra - rutsch, wir fah-ren mit der Kutsch.

Spielanregung:

Pferdchen spielen ist für Kinder ein großes Vergnügen, vielleicht gelingt
es auch schon im Galopprhythmus zu laufen. Sie spielen das „Pferd" und
das Kind den „Kutscher". Als Zaumzeug brauchen Sie ein Seil. Legen Sie
dieses wie einen Schal um den Hals und führen Sie die beiden Enden
unter den Achseln nach hinten hindurch. Wenn Sie beide Seilenden mit-
einander verknoten, kann sich das Kind besser daran festhalten und Sie
können es trotzdem noch ohne Mühe überstreifen. Eventuell bietet sich
ein Rollentausch an, dann lenken Sie das „Pferd" oder ein anderes Kind.
Mit einem Glöckchenband um das Fußgelenk oder einem Pferdegeschirr
macht das Spiel gleich noch viel mehr Spaß.

Pferdchengeschirr

Das brauchen Sie:
Köperband (2,40 m lang, 3,5 cm breit, davon für das Brustteil 170 cm und für das Halsteil 70 cm Länge), 2 bunte Wolltroddeln, 3 kleine Glöckchen, Nähzeug, Schere, Nähmaschine

So wird's gemacht:
Die beiden Enden des längeren Bandes umschlagen und kreuzweise feststeppen. Beide Enden des Halsteils in einem Abstand von 20 cm auf dem Brustband mit Stecknadeln befestigen und ebenfalls kreuzweise feststeppen. Troddeln und Glöckchen von Hand annähen.

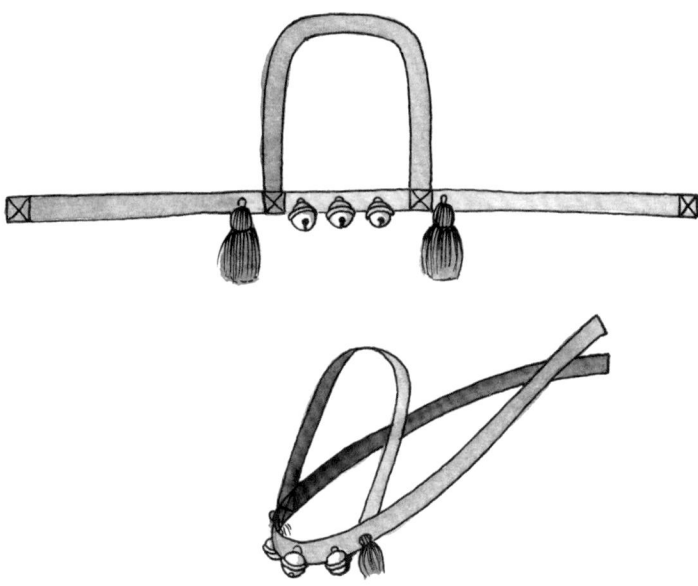

Rolle hin und rolle her

Bälle und Luftballons fordern geradezu dazu auf, sich zu bewegen. Man kann dem rollenden Ball hinterherkrabbeln oder -laufen; man kann ihn festhalten und muss ihn auch mal wieder loslassen, man kann ihn werfen und fangen. Dabei sammelt das Kind reichlich Erfahrungen und übt vielerlei Fähigkeiten ein. Kleinen Kindern fällt es oft noch schwer, etwas herzugeben. Wenn sie sich gegenseitig einen Ball zurollen, lernen sie, dass er immer wieder zurückkommt. Beim Hin- und Herrollen, beim Kicken, Zuwerfen oder Werfen in einen Korb übt das Kind die Koordination von Hand und Auge. Hinter dem Ball herrennen und ihn fangen fördert Schnelligkeit und Geschicklichkeit und zudem wird durch das Spiel mit dem Ball die Muskulatur an Armen, Rücken und Brust trainiert.

Gut geeignet für die Jüngsten sind Softbälle. Sie fühlen sich weich an und sind leicht zu greifen. Zum Rollen, Werfen und Herumtollen eignen sich ebenfalls hervorragend Wasserbälle und Luftballons, da sie groß und federleicht sind. Dem krabbelnden Kind rollen sie nicht so schnell davon und den Größeren fällt es leichter einen Wasserball oder Luftballon aufzufangen als einen Ball.

Wir hüpfen wie ein Flummiball

Text und Melodie: Gisela Mühlenberg

Wir hüpfen wie ein Flummiball
auf und nieder.

alle hüpfen auf der Stelle
springen hoch, gehen in die Hocke

Wir hüpfen wie ein Flummiball
hin und her.

hüpfen
springen nach rechts und nach links

Wir hüpfen wie ein Flummiball
immer weiter.

hüpfen
vorwärts hüpfen

Wir hüpfen wie ein Flummiball
einfach weg.

hüpfen
machen einen weiten Sprung nach
vorne und setzen sich auf den Boden

Wollball

Ein Wollball fühlt sich weich an und lässt auch ein ausgelassenes Spiel im Raum zu.

Das brauchen Sie:
Wolle, Stricknadeln Nr. 4, Füllwolle (Bastelabteilung), Wollnadel

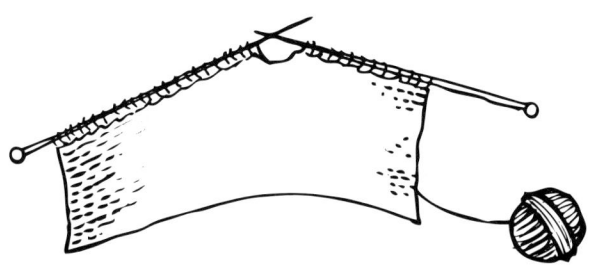

So wird's gemacht:
40 Maschen anschlagen und ein Quadrat stricken. Es wird nur rechts gestrickt. Den Mittelpunkt des Quadrats mit einem Faden markieren. Drei Ecken zur Mitte hin einschlagen und die Kanten zusammennähen. In die entstandene Öffnung ausreichend Füllwolle stopfen und die Ballhülle schließen, indem die vierte Ecke nach innen geschlagen und festgenäht wird.

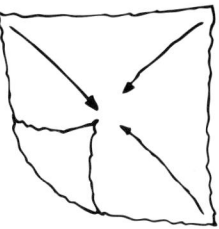

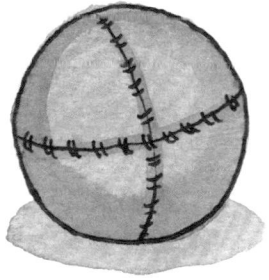

Klingelball

Der Wollball verwandelt sich mit Bändern und Schellen versehen in einen lustigen Klingelball.

Das brauchen Sie:
Wollball (siehe Anleitung oben), Wolle, Häkelnadel Nr. 4, kleine Schellen

So wird's gemacht:
Aus Luftmaschen zwei etwa 70 cm lange Bänder häkeln. Bänder im Kreuz um den Ball legen und mit einigen Nadelstichen befestigen. An das Ende der Bänder die Schellen knüpfen.

Filzball

Der Ball fühlt sich angenehm weich an und bezaubert mit seinen zarten Farben. Er ist vor allem für die ruhigeren Ballspiele geeignet, wo es darum geht, sich den Ball zuzurollen. Dabei kann es für das Kind interessant sein, schon bei der Herstellung dabei zu sein.

Das brauchen Sie:
Tennisball, ungesponnene weiße Schafwolle und Märchenwolle in verschiedenen Farben, Schmierseife, großen Topf (5 l), Rührlöffel

So wird's gemacht:
Für die Schmierseifenlösung:
In einem großem Topf Wasser erhitzen. In das heiße Wasser ca. 8 Esslöffel Schmierseife einrühren. Lauge soweit abkühlen lassen, dass man mit den Händen gut hineingreifen kann.

Herstellen des Balles:

Ball mit weißer Schafwolle ganz umhüllen. Als zweite Schicht folgt dann Märchenwolle in einer beliebigen Farbe. Dabei die Wolle so weit auseinander ziehen, dass die weiße Wolle noch durchscheint. Auf gleiche Weise mit den anderen Wollfarben verfahren. Nach einigen Lagen mit Wolle beginnt die Prozedur des Verfilzens. Mit den Händen wird Seifenlauge über den Ball gegeben und die Wolle vorsichtig durch Reiben glatt gestrichen. Bevor mit dem Ball gespielt werden kann, muss die Wolle noch gut trocknen.

Schuss und Tor

Schon die Jüngsten sind vom Fußballspielen fasziniert. Selbst Kinder, die noch nicht laufen können, haben großen Spaß, wenn man sie, unter den Achseln gehalten, gegen den Ball schwingen lässt und diesen damit in Bewegung versetzt. Für das erste Fußballspielen eignet sich ein Softball aus Schaumstoff oder ein Ball zum Aufblasen. Größere Kinder kicken alles, was einem Ball ähnlich sieht, durch den Raum oder das Gelände. Ein Tor ist schnell mit wenigen Hilfsmitteln aufgebaut, beispielsweise mit einer großen Schachtel oder einem umgekippten Tisch.

Mein Ball geht auf die Reise

Alle sitzen am Boden im Kreis. Eröffnen Sie das Spiel mit den Worten: „Mein Ball geht auf die Reise und besucht die Anna." Rollen Sie Anna den Ball zu. Nun ist diese an der Reihe und sucht sich ein Kind aus, zu dem es den Ball rollt. Bei ganz kleinen Kindern sprechen Sie den Satz; das Zurollen gelingt meist schon recht gut.

Spaß mit großen Bällen

Mit einem Wasser- oder Pezzi-Ball für Kinder kann man spielerisch den Gleichgewichtssinn trainieren und die Rückenmuskulatur stärken. Das Kind liegt mit dem Bauch auf dem Ball. Wenn Sie es über dem Beckengürtel fassen, geben Sie ihm die nötige Sicherheit. Die Arme und Beine sollten frei beweglich sein, damit es sich mit seinen Füßen beim Hin- und Herrollen abstoßen kann. Als nächste Übung fassen Sie das bäuchlings auf dem Ball liegende Kind an den Händen und rollen es vor und zurück. Hebt das Kind dabei den Kopf, streckt und kräftigt sich die Rückenmuskulatur. Auch das Sitzen auf dem Ball will gelernt sein. Etwas ältere Kinder versuchen dies ohne Hilfestellung der Großen und haben auch Spaß daran, einen kleineren Ball im Sitzen mit dem Becken kreisen zu lassen oder mit dem Po auf und ab zu wippen. Ein etwas schwierigerer Balanceakt, das Stehen auf dem Ball, ist nur mit der Hilfe eines Erwachsenen, der das Kind an den Händen hält, möglich.

Das ist ein Löwe – das ist ein Fisch

Sie brauchen dafür einen Wasserball, worauf sich das Kind setzt und einen Pezzi-Ball, worauf Sie sich setzen oder ersatzweise einen Stuhl. Sie machen die Bewegungen vor, das Kind macht sie nach. Bei allen Übungen wird spielerisch das Gleichgewicht und das Ausbalancieren geübt.

Spielideen:
Vogel: Arme als Flügel ausbreiten, Hase: die Hände wandern nach oben auf den Kopf als Ohren, Fisch: die Arme als Flossen nach hinten ausstrecken, Eule: Daumen und Zeigefinger bilden Kreise, die an die Augen gehalten werden, Elefant: einen Arm als Rüssel auf und nieder schwingen, Löwe: Arme als Mähne um den Kopf legen.

Ein Korb voller Bälle

Füllen Sie einen Korb mit unterschiedlich großen Bällen und stellen Sie diesen in die Mitte einer freien Fläche. Heben Sie den Korb hoch und rufen Sie: „Wer fängt den Ball?" Die Kinder können es kaum erwarten, bis alle Bälle aus dem Korb gekippt sind. Sie laufen hinterher, versuchen sie zu fangen und werfen sie wieder in den Korb. Falls noch einige wenige herumliegen, können Sie die Kinder darauf aufmerksam machen, indem Sie rufen: „Wo ist noch einer?" Ist der Korb voll, kann das Spiel zur Freude aller nochmals beginnen.

Mini-Kegelbahn

Kinderleicht und wenig aufwändig in der Herstellung ist eine Mini-Kegelbahn. Schneiden Sie aus Wellpappe oder Karton einen etwa 30 cm breiten, 2 m langen Streifen zu und falten Sie ihn an den Seitenrändern so, dass ein hochstehender Rand von etwa 4 cm entsteht. Damit die Bahn nicht verrutscht, befestigen Sie diese am besten mit einem Klebestreifen auf dem Boden. Auf der Mini-Kegelbahn können die Kinder nun kleine Bälle oder Murmeln rollen lassen und besonders groß ist der Spaß, wenn am Ende ein Baustein oder eine Spielfigur steht, die vom Ball umgestürzt werden kann.

Variante:
Wenn Sie das eine Ende der Bahn auf einen Schemel stellen, ergibt sich eine schräge Ebene, über welche die Kinder kleine Bälle, aber auch Spielzeugautos hinunterrollen lassen können.

Riesenschlange aus Luftballons

Viele an eine Schnur gebundene Luftballons ergeben eine bunte Riesenschlange. Ziehen Sie diese am Fußboden entlang – in Schlangenlinien, Kreisen, gerade und im Zickzack. Je nachdem, wie geschickt die Kinder schon sind, verfolgen sie die Schlange krabbelnd oder laufend und versuchen sie zu fangen. Manchen Kindern macht es vielleicht Spaß darüber zu steigen oder zu springen. Ist das Spiel vertraut, können Sie die Rollen tauschen und einem Kind die Schlange übergeben.

Bunte Bänderballons

Gemeinsam mit anderen Kindern macht dieses Bewegungsspiel besonderes Vergnügen. Blasen Sie möglichst viele Luftballons, am besten mit einer Ballonpumpe auf. Knüpfen Sie lange Geschenkbänder in den unterschiedlichsten Farben an jeden der Luftballons und verteilen Sie diese auf dem Boden. Während es den Kleinsten Spaß macht, die Ballons über den Boden zu stupsen, werfen sie die Größeren schon in die Höhe, versuchen sie zu fangen oder können einen oder mehrere Ballons an den Bändern fassen und hinter sich herziehen.

Riesenballon

Dieser Ballon ist über eine längere Zeit ein fantasievolles Spielzeug. Die Kinder können ihn hinter sich her ziehen, ihn kullern, werfen und vieles mehr. Die Holzperlen im Innern machen dabei tolle Kullergeräusche. Wenn Sie den Ballon nicht allzu fest zuknoten, kann er bei Bedarf mit neuer Luft aufgefüllt werden.

Das brauchen Sie:
Luftballon mit einem Durchmesser von mindestens 90 cm, sechs bis acht große Holzperlen, Luftballonpumpe

So wird's gemacht:
Füllen Sie die Holzperlen in den Ballon und blasen Sie den Ballon mit der Pumpe auf, bis er schön rund, aber nicht zu prall ist. Dann wird er noch zugeknotet und fertig ist das interessante Spielzeug.

Tücherballon

In Tüll oder transparente Stoffe gehüllte Luftballons können kleine Kinder leichter fassen, festhalten und fangen. Da diese Ballons schwerer als Ballons ohne Umhüllung sind, lassen sie sich auch gut werfen. Zudem sind die Ballons vor dem Zerplatzen geschützt.

Das brauchen Sie:
Luftballon, 80 × 80 cm großen Stoff, Schnur

So wird's gemacht:
Nachdem der Ballon aufgeblasen und verknotet ist, wird er mit dem Stoff umhüllt und mit der Schnur oben zugebunden. Daran befestigen Sie eine Halteschlaufe aus einer längeren Schnur.

Spielanregung:
Liegt das Kind auf dem Rücken, können Sie es zu unterschiedlichen Bewegungen anregen, indem Sie den Ballon einmal näher einmal weiter entfernt zu ihm führen, ihn hin und her schwingen oder kreisen lassen. Wenn Sie die unterschiedlichen Hand- und Fingerbewegungen sprachlich begleiten, kann sie das Kind bald bewusst ausführen, z.B. boxen, streicheln, stupsen, fangen, stoßen.

Raschelballons

Luftballons, die beim Bewegen rascheln, faszinieren vor allem die kleinen Kinder und schaffen immer wieder neue Bewegungsanreize.
Die Ballons werden vor dem Aufblasen mit unterschiedlichen Materialien wie einigen Reiskörnern, etwas Zucker, mehreren Erbsen oder Suppennudeln gefüllt. Ein Trichter und eine Ballonpumpe leisten hier

gute Dienste. Da sich jedes Material anders anhört, ist es für die Kleinen spannend, herauszufinden, was sich im Ballon versteckt. Fasziniert vom Geräusch wird der Ballon geschüttelt, hin- und hergerollt, mit dem Fuß durch den Raum gekickt, in die Höhe geworfen und noch anderes ausprobiert.

Alle Ballons in den Sack

Mit Vorliebe räumen kleine Kinder Dinge aus und ein. Da wird dieses Spiel ihre begeisterte Zustimmung finden.
Auf dem Boden liegen Ballons, welche die Kinder aufsammeln und in einen großen Sack räumen. Falls Sie gerade keinen Sack zur Hand haben, tut es auch ein Kinderbettbezug. Dann darf ein Kind den Sack wieder ausleeren. Dazu stellt es sich auf einen Stuhl oder Tisch, so dass die Ballons von oben herabschweben. Vielleicht gelingt es dem einen oder anderen Kind, einen davon zu fangen.

Rein in die Kiste, raus aus der Kiste

In Pappkisten steigen, darüberklettern, Türme und Tunnels daraus bauen, Puppen und Kuscheltiere darin spazieren fahren – das macht schon den Kleinsten Spaß. Kartons sind erstaunlich vielseitig und eignen sich als Baumaterial für drinnen und draußen. Eine sinnvolle Ergänzung sind Getränkekisten, da sie stabil genug sind, um daraufzuklettern oder von oben herabzuspringen. Es ist relativ einfach, Schachteln, Kartons und Getränkekisten zu organisieren. Die Nachfrage bei Lebensmittel-, Getränke- und Elektromärkten oder bei den Eltern lohnt sich. Ansonsten sind Schachteln und Kisten, die in Möbelmärkten zur Aufbewahrung von allerlei Krimskrams angeboten werden, preiswert zu erstehen.

Im Umgang mit Kartons und Kisten können die Kleinen eine Menge lernen. Wenn sie um sie herumkrabbeln, hinaufklettern, hineinsteigen, lernt das Kind sich selbst einzuschätzen und gewinnt immer mehr Vertrauen in seine Fähigkeiten. Dient die Kiste als Wurfziel für Bälle, schult es die Auge-Hand-Koordination und das Kind bekommt ein Gespür dafür, was es aus eigener Kraft bewirken kann. Ein geradezu ideales Spielmaterial ist die Kiste auch für Laufanfänger: Man kann sich daran hochziehen und sich festhalten, wenn man sie mit noch unsicheren Schritten durch den

Raum schiebt. Mit großer Freude ziehen die Kleinen diese auch hinter sich her, nachdem sie zuvor mit allerlei beladen wurde. Bei ersten Rollenspielen wird die Vorstellungskraft angeregt und beim Ausgestalten und Bemalen der Kartons können die Kleinen kreativ sein. Eine Spielidee hilft dem Kind, seine Kräfte zu lenken: „Jetzt bin ich ein schnelles Auto und sause durch den Raum, darf aber keinen Unfall bauen." Kinder lernen bei solchen Aktivitäten spielerisch ihren Körper zu beherrschen und sich im Raum zu orientieren.

Bei all der Aktivität brauchen vor allem kleine Kinder Orte, wo sie sich für eine Weile vom Trubel im Raum zurückziehen und ausruhen können. Dafür eignen sich hervorragend Wäschekörbe, aufblasbare Planschbecken, neue Hundekörbe oder große Kartons, die mit Kissen, Decke oder Schaffell bequem ausgestattet wurden. Das Gute dabei ist, dass das Kind den Korb oder die Kiste dahin schieben kann, wo es sich momentan aufhalten möchte und wohlfühlt. Von seinem „Reich" aus, kann es das Geschehen rundum weiter beobachten und selbst bestimmen, wann es wieder daran teilhaben möchte.

Auf der Baustelle

Geben Sie den Kindern ganz unterschiedliche Kartons und Verpackungsmaterialien zum Bauen und lassen Sie die „Baumeister" damit experimentieren. Große und kleine Kartons, Bananenkisten, Eierkartons, Pappröhren, alles findet seine Verwendung beim Bauen von Türmen, Mauern, Häusern und anderem mehr. Wenn die Kinder mit den Schachteln in die Höhe bauen, ist es äußerst spannend, ob das Bauwerk weiterhin steht oder umfällt. Die Kinder erfahren dabei spielerisch die Gesetze der Schwerkraft.

Krabbeltunnel

Mehrere Kartons, hintereinander aufgestellt, ergeben einen Krabbeltunnel. Es müssen nur jeweils der Boden und der Deckel entfernt werden. Durch diesen Tunnel können die Kinder auch Bälle und allerlei Spielfahrzeuge rollen lassen.

Hindernisparcours

Bauen Sie aus großen, stabilen Kartons und Getränkekisten einen Hindernisparcours. Aus den Kartons wurden zuvor Boden und Deckel entfernt. Kartons zum Durchkrabbeln wechseln sich ab mit Getränkekisten, auf welche die Kleinen klettern und wieder herabspringen. Die Jüngsten brauchen dabei vielleicht noch Ihre unterstützende Hand. Sie signalisieren uns aber auch, wenn sie es alleine versuchen wollen. Damit sich die Kleinen bei einem Sturz nicht verletzen, liegt an der Absprungstelle eine Matte oder Matratze bereit.

Alle Bälle in die Kiste

Im Raum verteilt stehen mehrere Kisten und auf dem Boden verstreut liegen viele kleine und große Bälle. Ziehen Sie eine Spieluhr auf. So lange die Melodie erklingt, haben die Kinder Zeit, alle Bälle aufzusammeln und in die Kisten zu befördern. Besonders Geschickte versuchen bereits, mit den Bällen in die Kisten zu zielen. Von ganz alleine entwickeln die Kleinen mit der Zeit Ehrgeiz und wollen möglichst viele Bälle in die Kisten werfen. Selbstverständlich erwarten sie von uns entsprechendes Lob. Mit heller Begeisterung werden die Kisten wieder ausgekippt, bevor das Spiel von neuem beginnen kann.

Fuchs und Hase

Im Raum verteilt stehen so viele Bananenkisten wie mitspielende Kinder. Alle hoppeln als Häschen munter im Zimmer umher. Wenn Sie rufen: „Der Fuchs kommt", suchen sich alle Häschen ein sicheres Versteck und steigen in einen der Kartons. Währenddessen schleichen Sie als Fuchs herum. Ist ein Häschen nicht schnell genug, wird es durchgekitzelt, aber nur, wenn es das auch will.

Bimmelbahn für Puppen und Kuscheltiere

Kinder, die gerade laufen können, ziehen gerne ein Spielzeug hinter sich her. Diesmal dürfen die Kuscheltiere und Puppen im Zug Platz nehmen und umherreisen. Auch Gepäck wird aufgeladen, etwa Bälle und Puppenkoffer. Und mit einem Signal aus der Trillerpfeife kann der Zug abfahren.

Das brauchen Sie:
3 Schuhkartons, Plakatkarton, Kleister, Fingerfarben, Schnur, Lochzange, leere Papprolle vom Haushaltspapier, Glöckchen, Handsäge, große Holzperlen

So wird's gemacht:
Der erste Waggon bekommt ein kleines Dach, gebastelt aus dem Deckel des Schuhkartons. Oben wird das Glöckchen angebracht, das lustig auf der Zugfahrt bimmelt. Alle Kartons bekommen Räder, ausgeschnitten aus dem Fotokarton. Die Kinder bemalen die Waggons mit Fingerfarben. Nach dem Trocknen werden an die Seiten die Räder geklebt. Damit der Zug durch den Raum gezogen werden kann, braucht er eine Schnur mit einem Griff. Dazu von der Haushaltsrolle die Hälfte absägen und diese, falls gewünscht, ebenfalls bemalen. Auf der vorderen Schmalseite des ersten Waggons zwei Löcher nebeneinander anbringen. Den „Griff" auf die Schnur fädeln. Beide Kordelenden durch die Löcher im Karton ziehen und diese an der Kartoninnenseite verknoten. Stabiler wird das Ganze, wenn Sie Holzperlen als Stopper mitverwenden. Die restlichen Waggons mit Schnur an den ersten Wagen hängen und fertig ist der Zug.

Auto – Marke Eigenbau

Schon unter den Jüngsten finden sich Autofreaks. Ein selbst gebautes Auto aus einem großen Karton wird also pure Begeisterung hervorrufen. Es lässt sich vielseitig nutzen: Man kann es be- und entladen und durch den Raum ziehen, sich daran hochziehen und das Auto vor sich herschieben oder sich selbst hineinsetzen. Ganz von allein entwickeln sich erste Rollenspiele rund um das Auto.

Das brauchen Sie:
Stabilen, großen Karton, Schnur, 2 Hölzchen oder Holzdübel, Haushaltsrolle, Pappe, Farben, Malerpinsel, Wurfring aus Gummi, Stift, Cutter, Kleber, evtl. Fahrradhupe

So wird's gemacht:

Deckel vom Karton entfernen. Karton in der vorderen Hälfte von oben auf 2/3 der Höhe kürzen. Im unteren Drittel eine Linie mit dem Stift ziehen und Fläche mit schwarzer Farbe ausmalen. Den restlichen Karton mit beliebiger Farbe bemalen. Aus Pappe vier Räder ausschneiden und seitlich mit Kleber ankleben. Nummernschild und Lichter ebenfalls aus Pappe ausschneiden und aufkleben oder aufmalen. Ring als Lenkrad und Fahrradhupe mit Schnurschlaufen am Karton anbringen. Im unteren Drittel auf der Vorderseite des Kartons auf beiden Seiten ein Loch bohren. Haushaltsrolle auf die Hälfte kürzen und auf die Schnur fädeln. Beide Schnurenden durch die Löcher führen und auf der Innenseite des Kartons mit je einem Holzdübel verknoten. Bevor das „Auto" als Spielzeug im Gebrauch ist, kommen noch ein paar Kissen oder eine weiche Decke hinein. Schließlich soll es das Kind ja bequem haben.

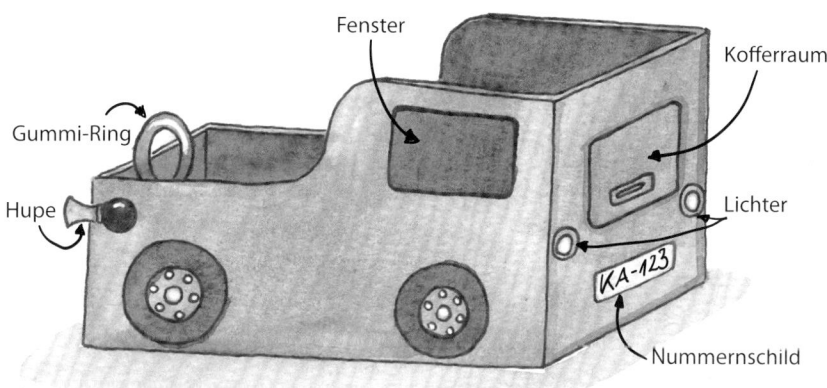

Tipp:

Als Hilfe für besseres Rutschen auf glattem Boden kann ein Tuch oder eine Decke unter das „Auto" gelegt werden.

In der großen Stadt herum

Text: Eva Reuys, Melodie: Hanne Viehoff

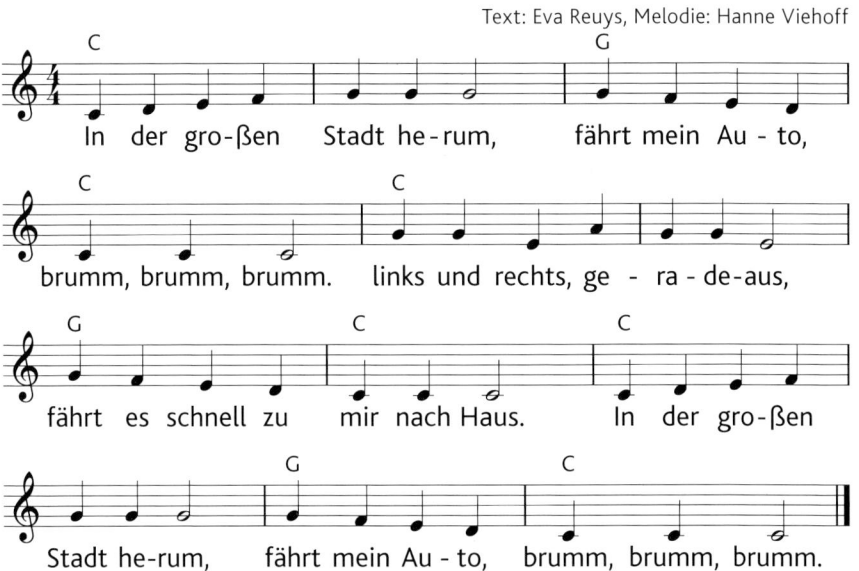

In der gro-ßen Stadt he-rum, fährt mein Au-to,

brumm, brumm, brumm. links und rechts, ge - ra - de-aus,

fährt es schnell zu mir nach Haus. In der gro-ßen

Stadt he-rum, fährt mein Au-to, brumm, brumm, brumm.

54

Kuschelberg und Knuddelkissen

Bereits Kleinkinder lieben es Höhlen und Wohnungen zu bauen, weil sie sich hier sicher und geborgen fühlen können. Kissen, Decken und Matratzen sind die Baumaterialien dazu. Kleine Matratzen werden hochkant aufgestellt, eine Decke darüber und fertig ist die Höhle. Wunderbar zum Wohlfühlen ist auch eine Kuschelecke im Raum mit vielen Kissen und Decken. Hier können sich die Kleinen eine Weile vom Trubel rundherum zurückziehen und entspannen. Für die Jüngsten ist eine Krabbeldecke ideal. Auf dieser haben Babys genügend Freiheit, um mit den Armen zu rudern, mit den Beinen zu strampeln und den Kopf zu drehen. Die etwas Größeren ruhen sich hier gerne aus oder kuscheln gemeinsam mit anderen.

Spiele mit weichen Sachen sprechen vor allem den Tastsinn des Kindes an. Spielzeug aus Stoff kann man beliebig knuddeln, und wer über einen Weg aus Kissen läuft, spürt mit seinen Füßen die angenehm weiche Unterlage. Beim Laufen über Kissen und Matratzen aller Art muss das Kind sein Gleichgewicht immer wieder neu ausbalancieren und so lernt es zunehmend seinen Körper zu beherrschen.

Kinder genießen es, sich unter einem Tuch zu verstecken und groß ist der Jubel, wenn sie dann von einem Erwachsenen entdeckt werden. Sie lassen sich mit Wonne in eine Decke einrollen und bekommen dabei ein Gefühl für die Lage im Raum.

Kinder lieben mitunter wilde Spiele. Mit heller Freude lassen sich die Kleinen auf einer Decke durch den Raum ziehen oder fahren in ihr Karussell. Sie üben dabei das Festhalten, erleben am eigenen Körper die Schwerkraft und werden von Mal zu Mal mutiger.

Das Spiel mit Sandsäckchen gefällt schon kleinen Kindern; die Säckchen passen sich den Händen an und rutschen nicht weg. Interessant sind sie im ersten Lebensjahr, weil man sie in die Hände nehmen, sie bewegen und schütteln, heranziehen oder verstecken kann. Beim Hantieren damit kräftigt das Baby seine Hand- und Armmuskulatur und sammelt taktile Erfahrungen. Kinder, die schon laufen können, trainieren beim Tragen der Sandsäckchen sowohl ihren Gleichgewichtsinn als auch ihre Gesamtmotorik. Im dritten Lebensjahr gelingt es den Kindern, das Sandsäckchen gezielt zu werfen und bei schwierigen Balanceakten können sie ihre Bewegungssicherheit zunehmend verbessern.

Ein ausgesprochen vielseitiges Material für allerlei Spiele sind Schwungtücher. Man kann damit Wind und Wellen erzeugen, unter dem Tuch hindurchlaufen oder sich darunterlegen, Luftballons oder Bälle darauf tanzen oder sich darin schaukeln lassen. Große Tücher sollten zum Inventar einer jeden Spielgruppe gehören, da sie vielseitige Bewegungsanreize schaffen.

Löwen-Krabbeldecke

Das brauchen Sie:
Gelben Frotteestoff (2,40 m lang, 1,50 m breit), Dracon-Vlies (2,40 m lang, 1,50 m breit), Wolle in verschiedenen, farblich passenden Tönen, Reste von weißem und braunem Filz; Schere, Nähzeug, Stecknadeln, dicke Stopfnadel, Nähmaschine, Filzstift, Karton

So wird's gemacht:

Grundform Löwe:
Frotteestoff wie im Zuschneideplan angegeben im Stoffbruch zuschneiden. Aus dem Dracon-Vlies je eine große und eine kleine Löwenform zuschneiden. Den Löwen verstürzt nähen: Frotteestoff rechts auf rechts heften, Dracon-Vlies unterlegen, heften, Stoff rundherum absteppen, dabei ein ca. 3 cm langes Stückchen offen lassen, um später den Schwanz einfügen zu können. Ebenso am Bauch ein etwa 50 cm langes Stück (beim kleinen Löwen 8,5 cm) offen lassen. Die Näharbeit durch die Bauchöffnung ziehen und wenden. Die Öffnung von Hand zunähen.

Löwenschwanz:
Aus mehreren Wollfäden einen längeren (35 cm) und einen kurzen (17 cm) Zopf flechten. Das Ende mehrmals mit einem Wollfaden umwickeln, fest zubinden und überstehende Fäden auf gleiche Länge zu einer dicken Quaste zuschneiden. Den längeren Zopf am großen und den kurzen Zopf am kleinen Löwen von Hand annähen. Die offen stehende Naht an dieser Stelle von Hand schließen. Die Löwendecke rundherum etwa 0,5 cm breit absteppen.

Löwenkopf:
Aus dem Karton zwei kreisrunde Schablonen zuschneiden: kleiner Kreis 12 cm, großer Kreis 29 cm Durchmesser. Mit Filzstift die Kopfrundung markieren (Die Farbe des Stiftes wird durch die Löwenmähne später verdeckt.).

Löwenmähne:
Aus dem Karton einen 12 cm und einen 4,5 cm breiten Streifen zuschneiden. Jeweils mehrere Fäden zu einem dicken Strang um den Kartonstreifen wickeln, Kartonstreifen herausziehen und jeden einzelnen Strang von

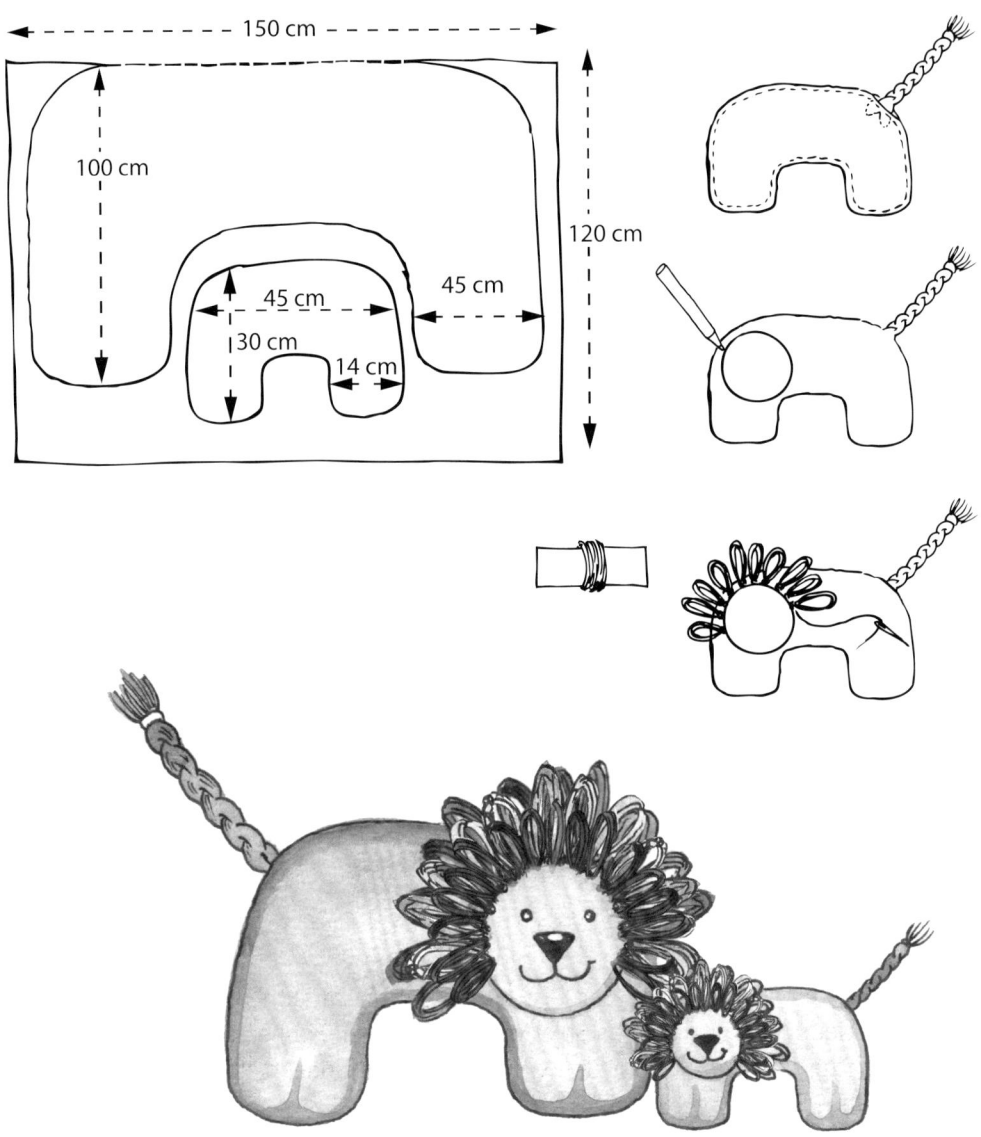

150 cm

100 cm

120 cm

45 cm

45 cm

30 cm

14 cm

Hand entlang der Filzstiftmarkierung annähen. Es entstehen Schlingen. Beim großen Löwen drei bis vier Schlingenreihen, beim kleinen zwei Schlingenreihen annähen; dabei von außen nach innen arbeiten. Die Schlingen nicht aufschneiden, sonst wird die Löwenmähne struppig!

Löwenaugen und -maul:
Aus dem weißen Filz die Augen, aus dem braunen Filz die Pupillen und das Maul ausschneiden; mit Nähgarn auf den Löwenkopf nähen.

Kuschelberg und Knuddelkissen

Bauen Sie gemeinsam mit den Kindern aus möglichst vielen, großen und kleinen Kissen einen Berg. Nun können die Kleinen über die Kissen krabbeln, sich hineinplumpsen lassen oder aus den Kissen eine Straße legen, über die man krabbeln oder laufen kann.
Für ein Knuddelkissen füllen Sie einen Kissenbezug von 40 × 40 cm mit Verpackungsmaterial aus Styropor. Verschließen Sie die offene Seite, damit nichts von dem Füllmaterial herausfallen kann. Die Kissen kann man zusammenknuddeln, als Sitzmöbel verwenden, darauf stehen oder liegen. Da mit diesen Kissen keinerlei Verletzungsgefahr besteht, eignen sie sich auch gut für wilde Kissenschlachten.

Kissentanz

Am Boden werden viele bunte, große Kissen im Raum verteilt ausgelegt. Zu flotter Musik gehen oder laufen die Kinder im Raum umher. Stoppt die Musik, sucht sich jedes Kind ein Kissen und nimmt darauf Platz. Setzt die Musik wieder ein, beginnt das Spiel von neuem. Nun können andere Aufgaben folgen. Die Kleinen krabbeln, hüpfen, hoppeln oder schleichen im Raum umher.

Berge und Täler

Legen Sie hintereinander und in einigem Abstand Kissen, zusammenge-
rollte Decken oder Nackenrollen auf den Boden. Bedecken Sie alles mit
einem großen Tuch oder dünnen Matten. Es entstehen Berge und Täler,
über welche die Kinder laufen oder krabbeln und dabei ihren Gleichgewichtssinn trainieren können.

Mini-Trampolin

Springen Sie gemeinsam mit dem Kind auf einer dicken, gut federnden
Matratze: vorwärts, rückwärts, hoch, runter und im Kreis. Bald wird es
selbst viele Ideen haben und diese alleine ausprobieren wollen. Dabei
wird es vom Matratzenrand immer wieder herunterspringen. Vielleicht
möchte das Kind auch von weiter oben springen. Legen Sie dann eine
zweite oder dritte Matratze auf die erste.

Wackelkissen

Geben Sie in einen Kinderbettbezug so viele Bälle, wie hineinpassen:
Wasserbälle, die nur zu zwei Drittel mit Luft gefüllt sind, sowie kleine und
große Softbälle. Es macht großen Spaß sich alleine oder mit anderen auf
das Wackelkissen zu legen, sich darauf zu wiegen, darüber zu krabbeln
oder sogar einige Schritte darauf zu versuchen.

Große Fahrt auf der Decke

Legen Sie die Decke auf einen glatten Fußboden. Das Kind legt sich
bäuchlings mitten darauf und hält sich mit den Händen gut daran fest.
Fassen Sie dann die Decke an beiden Enden und los geht die Fahrt. Mal

langsam, mal schnell, geradeaus oder in Kurven ziehen Sie sie durch den Raum. Eine Karussellfahrt auf der Decke garantiert zusätzliches Vergnügen. Drehen Sie dazu diese auf der Stelle im Kreis, selbstverständlich nur, wenn sich keine Möbel oder andere harte Dinge in der Nähe befinden.

Pfannkuchen rollen

Legen Sie eine Decke auf den Boden. Das Kind legt sich mit dem Rücken so darauf, dass sein Kopf außerhalb der Decke liegt. Die Decke ist nun der Pfannkuchen, in den das Kind eingerollt wird. Ihre Hände liegen auf einer Schulter und einer Hüfte. Geben Sie dem Kind immer wieder einen kleinen Schubs, bis der Pfannkuchen ganz aufgerollt ist. Um ihn zu verspeisen, müssen Sie ihn öffnen. Der Spaß ist garantiert, wenn Sie so tun, als ob Sie alles aufessen würden.

Wind, Wind sause

Alle Kinder liegen auf dem Boden. Die Erwachsenen nehmen ein großes
Tuch und bewegen es über den Kindern auf und nieder. Dabei entsteht
ein kräftiger Wind und die Kinder genießen es, diesen zu spüren. Am
Ende wird der Wind schwächer und schwächer.
Mit diesem Vers macht es noch mehr Spaß:

Wind, Wind sause.
Der Wind macht keine Pause.
Er bläst um alle Ecken.
Wir woll'n uns nicht verstecken.
Wind, Wind sause.
Dann wird er schwach und leise
auf seiner langen Reise.
Wind, Wind leise.

Tücherstraße

Befestigen Sie mit einem Zwischenraum von ca. 1 m Schnüre oder
Wäscheleinen an Ästen oder Pfosten von Spielgeräten. An diese hängen
Sie, was Sie an Stoffen zur Verfügung haben: Tücher aller Art, kleine
Tischdecken, Kinder-Bettbezüge. Diese sollten dicht an dicht hängen und
fast den Boden berühren. Kleine Kinder lieben es, zwischendurch zu krabbeln oder zu laufen und die verschiedenen Materialien auf der Haut zu
spüren oder einfach zuzuschauen, was der Wind damit macht. Die Tücher
laden auch dazu ein, sich darin einzurollen, zu verstecken oder andere zu
fangen.

Taststraße für die Füße

Im Raum werden unterschiedlich gefüllte Säckchen *(siehe unten)* hintereinander zu einer Straße ausgelegt. Die Kinder ziehen Schuhe und Strümpfe aus, gehen von Säckchen zu Säckchen und fühlen dabei mit ihren Füßen die unterschiedliche Beschaffenheit. Wer sich traut, kann die Straße mit geschlossenen Augen abgehen. Dazu braucht es vielleicht anfangs noch die helfende Hand eines Erwachsenen.

Sandsäckchen

Sandsäckchen kann man gezielter werfen und leichter fangen als Bälle. Sie eignen sich auch hervorragend für schwierige Balanceakte. Wenn Sie die Säckchen unterschiedlich auffüllen, ermöglichen Sie dem Kind erweiterte Sinneswahrnehmungen. Ein Säckchen mit Sand fühlt sich anders an als eines mit Reis oder Kirschkernen, schüttelt man es, ergeben sich unterschiedliche Geräusche.

Das brauchen Sie:
Baumwollstoffreste in den Grundfarben, Schere, Nähzeug, Füllmaterial wie Sand, Reis, Getreidekörner, ausgewaschene Kirschkerne, Linsen, Löffel, Trichter

So wird's gemacht:
Schneiden Sie zwei Rechtecke zu in den Maßen 10 × 18 cm. Legen Sie die Stoffe rechts auf rechts und nähen Sie diese mit der Nähmaschine zusammen. Lassen Sie ein kleines Stück offen, damit das Säckchen auf rechts gewendet und die Füllung mit Hilfe des Trichters hineingegeben werden kann. Anschließend wird die noch offene Stelle mit der Hand zugenäht.

Werfen und Fangen

Sandsäckchen sind ein ideales Material zum Üben von Fangen und Werfen. Das Kind sitzt dazu auf dem Boden. Lassen Sie das Sandsäckchen
aus geringer Höhe in den Schoß des Kindes fallen. Schon bald wird es
das Säckchen fangen wollen. Tauschen Sie dann die Rollen und fordern
Sie das Kind auf, das Säckchen in Ihren Schoß oder die Hände fallen zu
lassen. Daraus entwickeln sich erste Wurfspiele.

Prinzen und Prinzessinnen

Legen Sie sich ein Säckchen auf den Kopf. Zeigen Sie den Kindern, wie Sie
mit diesem gehen und mit den Armen seitlich ausbalancieren. Erzählen
Sie dann, dass nun alle Prinzen und Prinzessinnen sind und eine kostbare
Krone auf dem Kopf tragen. Jedes Kind bekommt ein Säckchen und legt
es sich als „Krone" auf den Kopf. Tragen Sie zusammen ihre „Kronen"
spazieren. Die Kinder entdecken sehr bald, dass sie aufrecht gehen müssen, um die „Krone" auf dem Kopf balancieren zu können.

Mit Sandsäckchen balancieren

Probieren Sie mit den Kindern gemeinsam aus, wo man die Sandsäckchen überall am Körper balancieren kann:
Beim Gehen auf dem Kopf, auf der Handfläche, dem Handrücken oder
der Schulter, beim Krabbeln auf dem Rücken, im Liegen bei gestreckten

Beinen auf den Zehen oder beim Liegen auf dem Bauch auf der Fußsohle. Geschickte und geübte Kinder können die Säckchen bereits über kleine Hindernisse balancieren, ohne dass diese herunterfallen.

Spiellandschaft für kleine Turner

Mit Materialien aus dem Alltag können Sie für oder mit den Kindern eine Bewegungs- und Spiellandschaft aufbauen, die unterschiedlich groß ausfallen kann. Vielleicht genügt es den Kindern zunächst einmal auf einem Brett von einer Kiste zur anderen zu balancieren. Nach und nach können dann weitere Elemente zum Bewegen und Spielen hinzukommen.

Im Umgang mit alten Autoreifen, LKW-Schläuchen, Holzpaletten, Brettern und anderem können schon kleine Kinder ihre Geschicklichkeit und ihren Mut erproben, ihre Lust am Experimentieren ausleben und die verschiedenen Materialien immer wieder neu kombinieren. Meist entwickeln Kinder von sich aus fantasievolle Spielideen. Der Erwachsene ist jedoch nicht überflüssig. Er beobachtet, legt Spielregeln fest, gibt die eine oder andere Anregung. Er leistet behutsam Hilfe, wenn dies erwünscht ist, ohne dabei die Lust der Kinder am Ausprobieren und selber Entdecken zu schmälern. Kinder sind stolz, wenn sie selbständig Schwierigkeiten meistern können. Diese Erfahrung stärkt ihr Selbstvertrauen. Hin und wieder ist es für die Kleinen auch schön, wenn Mama, Papa oder andere vertraute Erwachsene mit von der Partie sind beim Balancieren, Kriechen oder Springen.

Begeistern Sie also Mütter und Väter bei der Gestaltung einer Bewegungs- und Spiellandschaft mitzuwirken. Eltern haben vielfach gute Kontakte zu einschlägigen Geschäften oder Firmen und können so helfen, die gewünschten Materialien zu organisieren. Fündig werden Sie in Baumärkten und direkt beim Sägewerk, wenn es darum geht, Bretter, Balken oder Baumscheiben zu erwerben. Damit sich die Kleinen nicht verletzen, sollte das Holz bearbeitet sein.

Vielleicht wollen Sie die Spiellandschaft offiziell einweihen. Ideal dazu ist ein schöner Tag im Sommer, zu dem Kinder und Eltern eingeladen sind. Wimpel und Girlanden schmücken an diesem Tag den Garten und geben dem Ganzen einen besonderen Rahmen.

Im Gelände sind verschiedene Spielstationen aufgebaut. Gerne haben sich auch einige Mütter oder Väter bereit erklärt, eine davon zu betreuen oder mit der Kamera das Ereignis festzuhalten. Die Kleinen können selbst wählen, wo und wie lange sie sich mit dem jeweiligen Spielangebot beschäftigen wollen. Und da Toben und Spielen bekanntlich hungrig und durstig macht, stehen ein Imbiss und gekühlte Getränke für alle bereit. Brennt die Sonne vom Himmel, sorgen Planschbecken im Garten für herrlich erfrischenden Badespaß. Sonnensegel und -schirme spenden Schatten und ein kleines Zelt lädt die Kinder dazu ein, sich für eine Weile dort zurückzuziehen.

Zur Begrüßung singen alle gemeinsam ein Mitmach-Lied. Dies hilft dem einzelnen Kind und den Eltern, in der Gruppe „anzukommen" und sich wohl zu fühlen.

Seht mal da, die Kinder kommen

Text und Melodie: überliefert

1. Seht mal da, die Kin-der kom-men, Kin-der kom-men, Kin-der kom-men. Seht mal da, die Kin-der kom-men, al-le sind schon da.

2. Seht mal da, die Riesen kommen …
3. Seht mal da, die Zwerge kommen …
4. Seht mal da, die Hexen kommen …
5. Seht mal da, die Kasper kommen …

Spielanregung:

Alle Kinder und Erwachsenen gehen bei der 1. Strophe frei im Raum herum. Dann spielen alle Riesen, indem sie auf den Zehenspitzen gehen und dabei die Arme hochstrecken. Die Zwerge bewegen sich in der Hocke vorwärts und wer will, kann mit den Händen eine Zipfelmütze andeuten. Dann folgen die Hexen mit gebeugtem Rücken und zuletzt hüpfen die Kasper ausgelassen im Raum herum.

Allerlei Spaß mit dem Clown

Ein Clown im lustigen Kostüm lockert vor allem zu Beginn die Stimmung auf und sorgt für so manch fröhliches Kindergesicht. Trägt er auch noch einen Bauchladen vor sich her, mit allerlei Krimskrams darin, hat er die Herzen der Kinder schnell gewonnen.

Das brauchen Sie:
Einen Bauchladen aus einer Kiste gebastelt, mit einem ca. 5 cm breiten, stabilen Trageband versehen. In diesem befindet sich ein Sammelsurium aus Luftballons (dazu Handpumpe zum Aufblasen), kleinen Bällen, Döschen mit Seifenblasenlauge, Schminkstiften, wasserfesten Folienstiften.

Spielanregung:
Der Clown schlendert mit seinem Bauchladen umher. Er bleibt ab und zu stehen, stellt auch mal seinen Bauchladen ab und macht sein Spiel und seine Späßchen mit den Kleinen. Er verteilt Luftballons, die er zuvor mit einem lustigen Gesicht bemalt hat, an die Kinder. Dann holt er Bälle aus der Kiste und wirft sie in die Luft, damit die Kleinen hinterher jagen und sie fangen können. Zur Freude der Kinder zaubert der Clown Seifenblasen in die Luft und stellt sich selbst ungeschickt beim Fangen an. Es bedarf sicher keiner Aufforderung an die Kinder, ihm dabei zu helfen. Wer will, kann sich noch ein Herzchen auf die Wange malen lassen.

Zielwurf durch den Reifen

Unterschiedlich stark mit Wasser gefüllte Ballons werden von den Kindern beidhändig durch den Gymnastikreifen geschleudert. Dieser hängt in der Mitte einer Wäscheleine, die von Ast zu Ast gespannt ist. Das Werfen unterschiedlich schwerer Ballons motiviert die Kinder, es immer wieder zu versuchen. Alternativ können auch Sandsäckchen oder Bälle durch den Reifen geworfen werden.

Bonbonjagd

Einen Riesenspaß und viel Bewegung garantiert dieses Spiel für alle Schleckermäuler.

Das brauchen Sie:
Bonbons, in Papier eingewickelt, Tesakrepp, Schere, langer Rock oder Hemd

So wird's gemacht:
Befestigen Sie möglichst viele Bonbons rundherum verteilt auf dem Rock oder dem Hemd. Die Kleinen können die Bonbons gut greifen und abziehen, wenn Sie eine der Papierlaschen mit Tesakrepp auf den Stoff kleben.

Spielanregung:
Sie tragen den Rock oder das Hemd mit den Bonbons. Natürlich wollen alle Kinder etwas von den Süßigkeiten haben. Doch so leicht machen Sie es den Kleinen nicht. Sie gehen los, mal sehr langsam, mal schnell, mal geradeaus, mal im Zickzack. Vergnügt folgen Ihnen die Kinder und groß ist der Jubel, wenn es gelingt, eines der Bonbons zu erhaschen. Wenn Sie zwischendurch stehen bleiben und sich im Kreise drehen, haben einmal alle eine Chance, die süße Beute zu erjagen.

Bewegungs-Baustelle

Bauen Sie mit unterschiedlichen Materialien mehrere Stationen auf:

Balancieren auf Kisten und Brettern

Stellen Sie beliebig viele Getränkekisten oder Paletten in lockerer Reihe auf. Gehobelte Holzbretter bilden die Brücken von einer Kiste zur anderen, über welche die Kinder balancieren. Von der letzten Kiste springen sie auf die bereit gelegte Matte. Für die Jüngsten liegen Bretter auf dem Boden aus, über die sie krabbeln oder laufen.

Von Baumstamm zu Baumstamm

Baumscheiben in unterschiedlichen Höhen (im Baumarkt oder ein Sägewerk schneidet nach Wunsch zurecht) eignen sich zum Hochkrabbeln,
darauf Sitzen, Herunterspringen und Balancieren, wenn man mit einem
Brett eine Brücke von der einen zur anderen baut.

Schaukeln in der Regentonne

Sie benötigen eine Regentonne aus Kunststoff vom Baumarkt. Kinder,
die sich trauen, legen sich mit den Füßen zuerst in das Fass und werden
sanft hin und her geschaukelt.

Spielspaß mit Autoschläuchen

Besorgen Sie sich mehrere gebrauchte Autoreifen oder / und aufgeblasene LKW-Schläuche. Legen Sie die Reifen oder Schläuche (Ventile vorher abkleben) auf Sand, damit die Unterlage weich genug ist. Einzelne
Schläuche oder Autoreifen dienen als Trampolin. Die Jüngsten robben auf
den Schlauch hoch, wälzen sich auf ihm und wippen darauf. Die etwas
älteren Kinder erproben sich im Balancieren auf dem Schlauch. Ein Brett
über einen Reifen gelegt, ergibt eine Wippe.

Weg aus Steinplatten

Steinplatten oder -fliesen animieren die Kleinen zum darauf Krabbeln,
Gehen, Schreiten, Hüpfen. Legen Sie diese in entsprechendem Abstand
auf den Boden und gestalten Sie damit einen Weg oder eine Spirale.

Kullerbahn

PVC-Rohre gibt es in Baumärkten in verschiedenen Längen und Durch-
messern. Sie eignen sich hervorragend als Kullerbahn für Murmeln oder
kleine Bälle, wenn Sie das eine Ende etwas höher lagern.

Wimpel kreativ

Diese von Kinderhand gestalteten Wimpel sind eine tolle Dekoration für den Garten.

Das brauchen Sie für 30 Wimpel à 20 × 30 cm:

Transparente Baufolie in Meterware (400 cm breit und 32 cm lang), Mini-Lackierrollen, zwei verschiedene Finger- oder Plakafarben, Pappteller, Altpapier als Bodenschutz, wasserfesten Folienstift, Lineal, Schere, Tacker, Wäscheleine

So wird's gemacht:

Teilen Sie die Folie in zwei Streifen von 200 × 32 cm. Großflächig ausgelegtes Papier schützt den Boden vor unliebsamen Farbspuren. Ein Farbklecks auf dem Pappteller wird vom Kind mit der Lackierrolle flächig verteilt und dann auf der Folie ausgerollt. Nach dem Trocknen zeichnen Sie mit dem Folienstift 20 cm breite Wimpel auf diese und schneiden sie aus. Falten Sie den oberen Rand auf 2 cm um und schneiden Sie die überstehenden Ecken ab. Tackern Sie alle Wimpel an die Leine, die dann im Garten von Ast zu Ast gespannt wird.

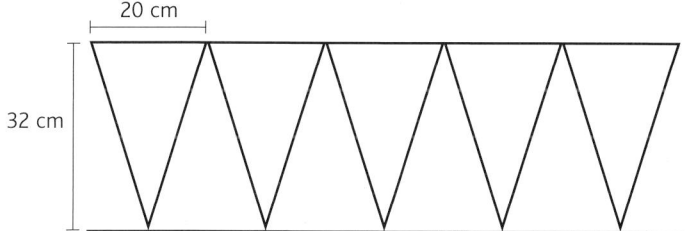

Wir schaukeln hin und her

Laufen, Springen, Klettern, Hüpfen, Purzeln – mit einem Wort: Toben – macht Kindern einen Riesenspaß und ist wichtig für ihre Entwicklung. Genauso wichtig sind jedoch auch Zeiten der Ruhe und Stille. Sie helfen dem Kind, sein inneres Gleichgewicht zu finden und aufzubauen, sich im Einklang mit sich und seiner Umwelt zu erleben und den eigenen inneren Rhythmus zu spüren. Dazu braucht es im Leben eines Kindes Möglichkeiten des Rückzugs, Zeiten der Muße, in denen es mit sich allein sein kann und darf.

Im täglichen Zusammensein mit Kindern ergeben sich immer wieder Situationen, wo Kinder Trost beim Erwachsenen suchen oder zu quengeln anfangen, weil sie sich unwohl fühlen. Andere Kinder fallen dadurch auf, dass sie überaktiv sind und nicht zur Ruhe kommen. Die Erfahrung zeigt, dass kleine Kinder durch monotone, gleichförmige Bewegungen ruhig werden. Nicht umsonst schlafen Kinder zufrieden ein, wenn sie in der Hängematte, im Kinderwagen oder einer Wiege sanft hin und her geschaukelt werden. Sanfte Schaukelspiele verfehlen selten ihre beruhigende Wirkung.

Als wohltuend empfinden es die meisten Kinder, wenn sie von der Mutter oder einer anderen vertrauten Person massiert werden. Erwachsener und Kind genießen diese intimen Momente gleichermaßen. Das Kind entspannt sich dabei und findet so zu innerer Ruhe. Beim Massieren spürt es den sanften Druck der Hände, erfährt, dass sich ein Igelball anders als eine Feder anfühlt und sensibilisiert so seinen Tastsinn. Massagen helfen dem Kind, ein Gefühl für den eigenen Körper zu entwickeln.

Kindermassage

Das brauchen Sie:
Babyöl oder Kamillen-, Mandel- oder Ringelblumenöl, Handtuch

So wird massiert:
Setzen Sie sich auf den Boden und legen Sie das Kind auf den Rücken mit dem Gesicht zu Ihnen gewandt auf Ihre Beine, eine Matte oder Decke. Angenehm ist es, ein Handtuch unterzulegen.
Das Öl wird auf der Brust mit beiden Händen in kreisenden Bewegungen sanft und großflächig eingerieben. Danach werden die Arme von den Oberarmen bis zu den Fingerspitzen massiert. Streichen Sie dabei einmal mit der rechten, dann mit der linken Hand im Wechsel von oben nach unten. Die Beine werden wie die Arme mit beiden Händen von oben nach unten behandelt. Beginnen Sie mit den Oberschenkeln und massieren Sie bis zu den Fußspitzen. Legen Sie nun das Kind auf den Bauch und lassen Sie Ihre Hände in kreisenden Bewegungen vom Nacken in Richtung Schultern gleiten. Von da aus wandern Ihre Hände zum Po. Beenden Sie die Massage, indem Sie noch einige Male vom Kopf abwärts bis zu den Zehen streichen. Lassen Sie auch in Massagepausen Ihre Hand auf Bauch, Arm oder Rücken ruhen. So weiß das Kind, dass Sie bei ihm sind.

Hand- oder Fußmassage

Es muss nicht immer eine Ganzkörpermassage sein. Auch das sanfte Massieren von Hand und Arm, Fuß und Bein ist für das Kind wohltuend und wirkt entspannend.
Diese Form der Massage lässt sich auch gut mit einer kleinen Kindergruppe durchführen. Die Kinder massieren sich dann gegenseitig im Wechsel oder aber jeweils ein Erwachsener massiert ein Kind. Leise Musik und ein leicht abgedunkelter, gut temperierter Raum sorgen für eine ruhige, stimmungsvolle Atmosphäre.

Das brauchen Sie:
Körperöl oder -lotion, Papiertücher zum Reinigen der Hände, große Handtücher, Musik

So wird's gemacht:
Alle Kinder ziehen sich die Schuhe und Strümpfe aus. Es bilden sich Paare. Das Kind, welches massiert werden will, legt sich auf das am Boden liegende Handtuch, der „Masseur" hockt sich seitlich daneben. Dieser bekommt ein wenig Öl oder Lotion auf die Hand, und die Massage kann beginnen mit kleinen, kreisenden Bewegungen auf dem Handrücken, dann auf der Handinnenfläche. Schließlich kann jeder einzelne Finger massiert werden. Nach den Händen kommen die Füße an die Reihe. Sind die Kinder schon geübt, können auch die Arme und Beine in die Massage einbezogen werden.

Streichelmassage

Für die meisten Kleinkinder ist das Streicheln der Haut mit einem Wattebausch, einer Feder oder anderen weichen Sachen eine angenehme Sinneserfahrung. Die Reaktion des Kindes wird Ihnen zeigen, ob es die Berührung genießt, oder ob es eine bestimmte Art des Streichelns als unangenehm erlebt. Zu einer gelösten Atmosphäre tragen ein leicht abgedunkelter Raum und leise Musik bei.

Das brauchen Sie:
Utensilien wie große Kunstfeder, weichen Pinsel (Rasierpinsel, Puderquaste), weiche Haarbürste, Wattebausch, Wollknäuel, Seidentuch

So wird's gemacht:
Streicheln Sie mit einer Feder, einem Pinsel, Wattebausch oder anderem sanft über Arme, Beine, Gesicht, den Körper. Achten Sie dabei auf die Reaktionen des Kindes: empfindet es Freude oder zeigt es Abwehr, liebt es das Streicheln besonders am Bauch, aber nicht im Gesicht, verkrampft es sich oder wird es zunehmend lockerer? Bei dieser sanften Streichelmassage kann sich eine innige körperliche und seelische Verbundenheit zwischen Ihnen und dem Kind einstellen.

Deckenschaukel

Schaukeln kommt dem Bedürfnis des Kindes nach rhythmischer Bewegung entgegen und bereitet ihm ein sinnliches Vergnügen.
Legen Sie eine Decke oder ein Laken auf den Boden. Bitten Sie das Kind sich in die Mitte der Decke auf den Rücken zu legen. Fassen Sie nun gemeinsam mit einem anderen Erwachsenen die Decke an den Ecken, der eine am Kopf-, der andere am Fußende und heben Sie diese hoch. Schaukeln Sie zuerst langsam hin und her. Später können Sie auch wilder schaukeln. Achten Sie jedoch darauf, wie das Kind reagiert. Nach dem Schaukeln wird die „Schaukel" zu Boden gelassen und das Kind sanft hinausgeworfen.

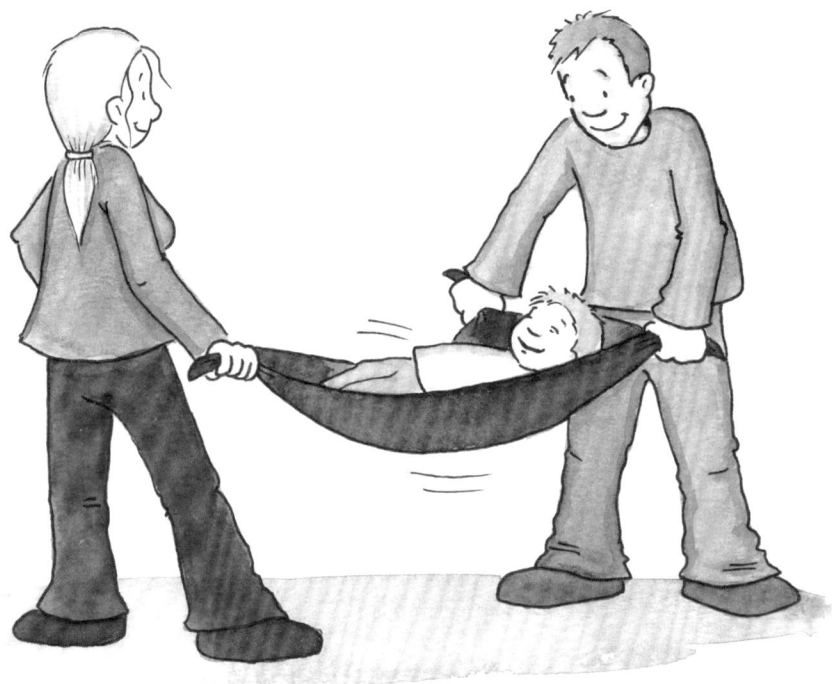

Das Schaukeln kann folgender Spruch begleiten:

Der / die … *(Name des Kindes)* wird geschaukelt,
der / die … wird geschaukelt,
bis in den Himmel hinein.

Schaukelkorb

Legen Sie in einen Wäschekorb eine weiche Decke und viele kleine Kissen. Nun ist der Korb so richtig zum Wohlfühlen und lädt die Kinder dazu ein, hineinzusteigen. Zwei Erwachsene nehmen den Korb hoch und schaukeln ihn sanft hin und her.

Mattenschaukel

Aus einer Matte, Schaumstoffmatratze oder Wickelauflage und mindestens zwei Gymnastikreifen kann man leicht eine Schaukel bauen. Dazu wird die Matte der Länge nach in zwei Reifen geschoben, die jeweils an den Enden platziert werden. Bei einer langen Matte ist eventuell ein dritter Reifen in der Mitte zur Stabilisierung erforderlich.

Sanftes Schaukeln auf dem großen Ball

Setzen Sie sich auf einen Pezzi-Ball und nehmen Sie das Kind so auf den Schoß, dass es von Ihnen wegschaut. Umfassen Sie es mit den Armen und führen Sie sanfte Schaukelbewegungen aus. Das beruhigt nicht nur das Kind, sondern tut auch Ihnen gut.

Schaukellied

Text: Eva Reuys, Melodie: Hanne Viehoff

1. Wir schau - keln, wir schau - keln, wir
schau - keln hin und her. Wir schau - keln, wir
schau - keln, das ge - fällt uns sehr!

2. Wir schaukeln, wir schaukeln,
   wir schaukeln auf und nieder.
   Wir schaukeln, wir schaukeln
   und tun das immer wieder.

3. Wir schaukeln, wir schaukeln,
   wir schaukeln auf und ab.
   Wir schaukeln, wir schaukeln
   und das macht uns Spaß.

Gesprochen:
Und wer genug geschaukelt hat,
den lassen wir herab!

Der Ball

Text und Musik: Elke Gulden / Bettina Scheer

Der Ball rollt vor, der Ball rollt rück, im-mer-
zu ein klei-nes Stück. Auch zur Sei - te hin und
her, das ge - fällt den Kin - dern sehr.

Der Ball rollt vor, der Ball rollt rück,
immerzu ein kleines Stück.
Auch zur Seite hin und her,
das gefällt den Kindern sehr.

Spielanregung:

Für dieses Spiel nehmen Sie einen Pezzi-Ball oder
alternativ einen Wasserball. Jedes Kind liegt auf
dem Ball, der von den Erwachsenen entsprechend
dem Liedtext hin und her gerollt wird.

Tanz der Seifenblasen

Buntschillernde Seifenblasen regen zum Staunen und Bewegen an. Es macht Spaß, den Seifenblasen hinterherzujagen und mit ein wenig Glück eine davon zu erhaschen. Faszinierend und beruhigend zugleich ist es aber auch, den Seifenblasen bei ihrem Tanz durch die Lüfte zuzusehen. Vielleicht begleiten Sie diesen mit meditativer Musik von der CD.

Das brauchen Sie:
Gekaufte Seifenlauge, Pusteröhrchen

Spielanregung:
Wählen Sie für sich eine erhöhte Position im Raum. Das kann ein Stuhl oder Tisch sein, von dem Sie die Seifenblasen über die Kinder hinwegpusten. Es bedarf sicher keiner Aufforderung dazu und die Kleinen rennen los, um diese zu fangen. Nach einiger Zeit bitten Sie die Kinder sich auf den Boden zu setzen und die Hände in den Schoß zu legen. Während alle den Tanz der hauchzarten Glitzerkugeln fasziniert beobachten, fällt schon die eine oder andere in die Hände, auf das Gesicht, den Arm oder ein anderes Körperteil. Während manche gleich zerplatzen, können andere noch eine Weile bestaunt werden, bevor sie sich auflösen.

Quellenverzeichnis

S. 22, *Komm, du kleiner Racker,* aus: Detlev Jöcker / Rolf Krenzer / Sonny Kunst / Heinz Beckers, Komm du kleiner Racker. Neue Lieder für die Kleinsten und für Kindergartenkinder
© 1990 Menschenkinder Verlag, Münster

S. 28, *Es ging ein Zwerg im Grase,* S. 38, *Wir hüpfen wie ein Flummiball,* aus: Gisela Mühlenberg, Budenzauber. Spiellieder und Bewegungsspiele für Spielgruppen und das gemeinsame Spiel zu Hause © 1992 Ökotopia, Münster

S. 81, *Der Ball,* aus: Elke Gulden / Bettina Scheer, Singzwerge und Krabbelmäuse
© 2004 Ökotopia, Münster

Unter-Dreijährige in der Kita
Praxisbücher zur Förderung der Kleinsten

Wer Kinder unter drei Jahren betreut, braucht gute Ideen, Spiele und Aktionen, die schon die Allerkleinsten mitmachen können und die Kinder in unterschiedlichen Entwicklungsphasen gleichermaßen begeistern.

Jede Menge Praxisideen, mit denen Kinder unter 3 Jahren ihre Persönlichkeit entdecken.
ISBN 978-3-7698-1570-2

Konkrete Angebote, die dazu beitragen, dass eine Gruppe zusammenwachsen kann.
ISBN 978-3-7698-1571-9

Im Sand buddeln und in der Natur mit allen Sinnen auf Entdeckungsreise gehen.
ISBN 978-3-7698-1589-4

Kinder unter 3 Jahren sammeln erste Materialerfahrungen. Hier ist der Ideenfundus.
ISBN 978-3-7698-1590-0

Jahreszeitliche Rituale und Festideen für die Kleinsten – denn die wollen den Großen beim Feiern in nichts nachstehen.
ISBN 978-3-7698-1701-0

Summen und Singen, ein Lied im Rhythmus begleiten oder sich im Takt drehen: Musik macht einfach gute Laune!
ISBN 978-3-7698-1728-7